O segredo da
Saúde Total

STORMIE OMARTIAN

O segredo da Saúde Total

Corpo, mente e alma

Traduzido por Omar de Souza

Copyright © 1999 por Stormie Omartian
Publicado originalmente por Harvest House Publishers, Oregon, EUA

Todos os direitos reservados e protegidos pela Lei 9.610, de 19/02/1998.

É expressamente proibida a reprodução total ou parcial de notas, quadros, devocionais e demais recursos desta Bíblia, por quaisquer meios (eletrônicos, mecânicos, fotográficos, gravação e outros), sem prévia autorização, por escrito, da editora.

Dados Internacionais de Catalogação na Publicação (CIP)
(Câmara Brasileira do Livro, SP, Brasil)

Omartian, Stormie
O segredo da saúde total: corpo, mente e alma / Stormie Omartian; traduzido por Omar de Souza. — São Paulo: Mundo Cristão, 2008.

Título original: Greater Health God's Way.
Bibliografia.
ISBN 978-85-7325-549-2

1. Paz — Aspectos religiosos — Cristianismo 2. Saúde — Aspectos religiosos — Cristianismo 3. Saúde — Obras de divulgação I. Título.

08-06831 CDD-248.8

Índice para catálogo sistemático:
1. Saúde: Aspectos religiosos: Cristianismo 248.8

Categoria: Saúde & Bem-estar

Publicado no Brasil com todos os direitos reservados por:
Editora Mundo Cristão
Rua Antônio Carlos Tacconi, 69, São Paulo, SP, Brasil, CEP 04810-020
Telefone: (11) 2127-4147
www.mundocristao.com.br

1ª edição: fevereiro de 2011
4ª reimpressão: 2021

Sumário

Prefácio	9
Introdução aos Sete passos	11
1. Primeiro passo: Viver em paz	27
2. Segundo passo: Alimentação pura	59
3. Terceiro passo: Exercícios apropriados	103
4. Quarto passo: Muita água	139
5. Quinto passo: Oração e jejum	151
6. Sexto passo: Períodos de ar fresco e luz do sol	193
7. Sétimo passo: Descanso perfeito	211
8. Juntando tudo	229

Este livro é dedicado a Diane Kendrick,
minha maravilhosa amiga e secretária.
Sou eternamente grata ao apoio firme e à
assistência amorosa que ela me dá.
Também agradeço de maneira especial ao
meu marido, Michael, por seu incentivo
e sua disposição de se dedicar tanto a mim
e a nossos filhos para que esse livro
pudesse ser realizado.

Prefácio

Como escrever um livro sobre saúde sem exagerar na ênfase ao aspecto físico nem negligenciar o aspecto espiritual da questão? Como evitar que ele incentive as pessoas a se levarem a sério demais? Como evitar que se transforme em mais uma coleção de opiniões pessoais?

A resposta é esta: você começa buscando a Deus de todo o seu coração e ora continuamente por orientação, sabedoria e revelação. Você ora para que todas as portas se fechem para as suas ideias se não estiverem de acordo com a vontade do Senhor. Você ora por todas as pessoas que ouvem ou leem as suas palavras, pedindo que o coração delas se abra para aquilo que elas precisam saber. Você ora para invocar vida onde a morte impera.

Meu objetivo mais importante ao escrever este livro é convencer você de que os caminhos de Deus são bons. Na verdade, são mais que bons; são perfeitos. Só passamos por dores e sofrimentos desnecessários porque não seguimos esses caminhos divinos.

Com toda a sinceridade, espero que este livro estimule o seu apetite por mais conhecimento, e que queira aprender ainda mais por conta própria. Ao fim deste livro, você encontrará uma lista de livros que recomendo para se aprofundar no assunto. Li centenas de livros sobre o tema da saúde nos últimos quinze anos. Muitos eram bons em algumas áreas, mas deficientes em outras; ou então, tinham inclinações espirituais que não me permitiriam recomendá-los. No entanto, *todos* os livros que recomendo aqui são excelentes e incentivo você a ler tantos quantos lhe for possível. São coerentes e muito sólidos no que diz respeito à perspectiva geral, mas nem sempre concordam um com o outro em alguns aspectos secundários. Pode ser que você não concorde totalmente com alguns deles. Não tem problema: todas nós podemos ter opiniões próprias, cada uma delas baseada em uma boa razão. Podemos ter certeza de algumas coisas, mas há outras que devem ficar por conta da preferência individual. Você mesmo deve avaliar cada livro.

Lembre-se de que este livro não é um compêndio de conselhos médicos, e sim um auxílio para alcançar e manter uma boa saúde. Se você está doente, permita que Deus e um médico a ajudem a se recuperar. Você pode ler este livro durante esse processo; enquanto isso, defina como pretende mudar seu jeito de viver.

Introdução aos

Sete passos

SATISFAÇÃO EM QUALQUER IDADE
Quando dizemos que todo mundo deseja ser jovem, não estamos tentando dizer que, se você tem quarenta anos, quer ter rosto ou corpo de vinte; nem estamos sugerindo que, se tem vinte anos, pretende aparentar dez. Mas se tem quarenta, também não precisa aparentar cinquenta. Não há problema algum em aparentar cinquenta anos de idade quando *tem* cinquenta anos. Em outras palavras, não queremos ser *prematuramente* idosas. "Parecer velha" significa aparentar mais idade do que se tem.

Toda idade é boa. Toda idade tem algo de maravilhoso e especial que nenhuma outra faixa etária tem. Nunca tenha medo de envelhecer. É possível ser saudável, jovem, atraente e cheia de vida com qualquer idade. Apenas o envelhecimento precoce é que deve ser combatido, pois se trata de um sinal de que alguma coisa está em desequilíbrio em sua vida. Você pode sofrer por causa do excesso de estresse, da falta de exercícios, da má alimentação, das noites mal dormidas, do baixo consumo de água, da falta de ar fresco, sol ou jejum. O resultado: aumento na taxa de toxinas no corpo, fator que provocará a aceleração do processo de envelhecimento.

Como cada idade tem suas vantagens, não queremos chegar aos últimos anos de vida em um estado de decadência, tão velhas e doentes a ponto de não aproveitar essa época. Levar uma vida longa e satisfatória exige boa saúde e abundância de amor, paz e alegria. Queremos dar adeus à vida demonstrando força e vitalidade, aquele tipo de pessoa que ministra aos outros, levando as boas-novas e bênçãos às outras pessoas. Queremos ser pessoas construtivas e produtivas, com alguma coisa a oferecer. Desejamos ser saudáveis, joviais, atraentes e cheias de vida. Nada de viver doentes, cansadas, feias e desanimadas.

Pergunte a qualquer pessoa que esteja doente ou passando pela agonia de uma morte lenta como ela preferiria passar os últimos anos de vida. Ela dirá: "Eu gostaria de ter descoberto há mais tempo como viver do jeito certo". Ou, então, se já tiver ouvido falar desse jeito certo de viver, ela dirá: "Eu deveria ter escutado".

Na semana anterior à sua morte, devastada por um câncer que tomou conta de seu corpo, Sofia me disse: "Eu me arrependo de não ter aprendido a perdoar e a entregar tudo nas mãos de Deus". Anos de mesquinhez cobraram o preço na vida de Sofia, e ela morreu aos cinquenta anos.

Depois de ser curada de um câncer nos pulmões, na garganta e na boca, Mary continuou contrariando as ordens médicas para deixar de fumar, beber e manter os maus hábitos alimentares. Morreu de uma maneira muito triste e dolorosa. Ela se recusou a seguir o que sabia ser o jeito certo de viver.

Certo dia, Max, que viveu muitos anos à sua maneira — comendo lanches na rua, mantendo o peso acima do ideal, se alimentando mal, trabalhando muito e fugindo dos exercícios físicos —, decidiu que, a partir da semana seguinte, daria início a um programa de dietas e exercícios. Infelizmente, a decisão foi tardia. Na manhã seguinte, ele estava morto, vitimado por um enfarte aos quarenta anos de idade. Ele esperou demais.

Ricky, um jovem cuja dieta praticamente se resumia a barras de chocolate, bolos, biscoitos e refrigerantes, desenvolveu leucemia. Por não ter se alimentado corretamente durante a vida, seu corpo não ofereceu resistência à doença. Os médicos não puderam fazer nada para salvá-lo. Aos 25 anos ele estava morto. Todos esses são exemplos de situações extremas que começaram como simples envelhecimento precoce. Eu conhecia todas essas pessoas, e as vi morrer desnecessária e prematuramente, seja porque não tinham conhecimento suficiente dos caminhos de Deus, seja por conhecerem esses caminhos, mas se recusarem a segui-los.

As pessoas que vivem em sintonia com os caminhos de Deus e os consideram bons se tornam saudáveis, joviais, atraentes e vigorosas.

Aqueles que vêem seu corpo como o lugar de habitação do Espírito Santo de Deus e, por essa razão, o tratam com o devido respeito e cuidado, estão mais capacitadas a se adaptar aos caminhos de Deus.

Não se deixe enganar por aqueles que sempre parecem fazer o que lhes agrada ou convém no que diz respeito à saúde — pessoas que consomem todo tipo de *fast food*, que se alimentam mal, que tomam muito café, que ingerem álcool demais e que fumam à vontade. Trabalham demais e nunca se exercitam, não tomam ar fresco nem sol e jamais pensaram na hipótese de fazer um jejum.

Gente assim não tem saúde por muito tempo. Para essas pessoas, a recompensa chega de repente e, às vezes, de um modo radical. Não podemos desobedecer às leis naturais de Deus para sempre e sairmos impunes. Ninguém pode. Deus não é obrigado a respeitar esses abusos. Não importa se você tem o melhor CD de música cristã do momento, nem se levou a Bahia inteira a conhecer Jesus: se desobedecer as leis de Deus para sua vida e sua saúde, terá de arcar com as consequências.

Se você nasceu com um corpo saudável e forte, alegre-se por isso, agradeça a Deus e continue a leitura para descobrir como mantê-lo assim. Não espere até que alguma coisa muito ruim aconteça para começar um programa de dieta e exercícios físicos. Mesmo que se sinta bem agora, se você negligenciar a saúde, pode ser pega de surpresa. Não espere até lá para descobrir o que deve fazer: siga os Sete Passos

O segredo da saúde total

para a Saúde Total agora e colha os maravilhosos benefícios de uma vida mais saudável, jovial, atraente e vigorosa.

UM OLHAR HONESTO SOBRE VOCÊ MESMA

Você se sente feliz com o que vê quando está diante do espelho? Como está o aspecto de seus olhos? Parecem vermelhos demais? Embaçados? Cansados? Inchados? Tristes? Tensos? Sem vida? Eles ardem ou coçam? Você vê algum tipo de mancha o tempo todo? E como está a pele? Está seca? Oleosa? Manchada? Sem cor? Inchada? Pálida? Flácida? Repuxada? E o seu corpo? Sente que ele está fraco? Cansado? Debilitado? Acima do peso? Magro demais? Doente? Tenso? Cheio de dores em todo lugar? Você dorme bem? Tem problemas de digestão? Prisão de ventre? Resfriados frequentes? Alergia a tudo o que se pode imaginar? Sente que está envelhecendo rápido demais?

Pense a respeito de sua atitude. Você se sente deprimida a maior parte do tempo? Sente arrependimento do passado, amaldiçoa o presente e tem medo do futuro? Você sente amargura, ressentimento, inveja, ódio, falta de esperança, medo ou se considera insignificante? Acha a vida muito chata? Você se considera uma pessoa apática ou preguiçosa? Vive sem energia para fazer as coisas?

Se você se identifica com alguma dessas características, então precisa saber que Deus não a criou para viver desse jeito. Ele já providenciou uma maneira de tirá-la dessa situação.

Veja bem, eu já sofri de quase todos os males que acabei de mencionar. Hoje em dia, porém, não tenho mais nenhum desses problemas. Descobri um caminho que funciona. É o caminho de Deus. Os Sete Passos para a Saúde Total são etapas que Deus me ensinou, e eu gostaria de compartilhá-las com você. Eles funcionaram muito bem em minha vida durante anos, e tenho visto como elas funcionam na vida de inúmeras pessoas.

IDA E VOLTA AO TOPO DA COLINA

Atualmente tenho mais de 60 anos, mas essa não é a idade mais avançada que tive. A época de minha vida em que fui mais velha foi aos 28 anos. Vou contar a você o que o Senhor me ensinou e que me fez sair da *velhice* aos 28 para chegar à *juventude* aos 60 e poucos. Tenho mais energia e resistência hoje em dia do que tive em minha vida. Superei problemas de pele, sangramento de gengiva, visão fraca, esgotamento nervoso, sobrepeso, peso abaixo do normal, queda de cabelo, fraqueza, fadiga crônica, suscetibilidade a constantes resfriados e infecções, distúrbios menstruais, enxaquecas e graves depressões que me debilitavam. Se eu fui capaz de superar aquela época de baixa qualidade de vida, você também é.

Eu era suscetível a doenças desde a infância e vivi sob grande estresse durante os primeiros vinte e oito anos. Sei o que é nunca se sentir bem, sofrer com dores, viver à base de tranquilizantes, enfrentar cada dia com uma sensação de insignificância e falta de esperança, achar que a morte seria melhor do que a vida, ter sérias doenças e, ainda por cima, ser alérgica aos remédios normalmente usados para tratá-las, estar doente em todas as ocasiões importantes de minha vida, viver confusa sobre o que seria ou não bom para mim e ignorar por completo os maravilhosos caminhos de Deus.

Hoje, com mais de 60 anos, eu sei o que é me sentir muito bem, ter energia e entusiasmo, ansiar por cada dia com alegria, não viver doente, ter cabelos bonitos, pele saudável, brilho nos olhos e peso sob controle. Eu costumava ser fraca para exercícios físicos; hoje eu me exercito três ou quatro horas por semana.

Quando eu ainda tinha 20 e poucos anos, mudei-me para Hollywood para dar início à minha carreira na televisão como cantora, e frequentava aulas de dança três vezes por semana. Logo descobri que estava trabalhando demais. Era uma luta, pois eu vivia doente e exausta. O exercício que eu fazia nas aulas de dança estava fazendo

O segredo da saúde total

muito bem para a minha aparência, mas eu ainda sofria por causa da indisposição física. Comia muito mal, e meus hábitos em relação ao sono chegavam a ser uma piada.

Passava várias noites em claro em festas, bebendo e fumando, e durante o dia dormia ou trabalhava nos estúdios da televisão desde o início da manhã até tarde da noite. Nunca via a luz do sol e não dava a menor importância à necessidade de tomar ar fresco e comer melhor. Tinha um desejo incontrolável autodestrutivo por chocolate e tomava todas as providências necessárias para satisfazer o meu vício. É impressionante ver como podemos viver tão longe de Deus e de seus caminhos sem perceber, em momento algum, como estamos nos destruindo; seguimos o nosso caminho e depois amaldiçoamos a Deus pelo fato de nos sentirmos tão mal. Como é grande a nossa ignorância!

Por fim, cheguei a um dos momentos mais baixos de minha vida em termos de estado físico. Eu trabalhava no *Glen Campbell Show*, de segunda a quinta-feira, e em um programa transmitido por uma TV local, de sexta-feira a domingo. Aquilo significava sete dias de trabalho por semana. Eu era muito insegura quanto a recusar trabalhos, por isso aceitava todo emprego que conseguia encaixar em minha agenda. Não estava seguindo nenhum dos Sete Passos para a Saúde Total — nenhum deles! Estava a caminho de um colapso.

Um dos outros cantores do *Glen Campbell Show* era um jovem bonito de pele clara, olhos vivos, cabelos brilhantes e um rosto simpático e alegre. Seu corpo era forte e cheio de energia. Nunca ficava doente. Ele percebeu a minha condição física e começou a conversar comigo sobre coisas como acidófilos, germe de trigo, lecitina, vinagre de cidra, fígado desidratado e levedo de cerveja.

Olhei para ele, incrédula. Devia estar falando chinês porque, para mim, aquelas palavras pareciam uma língua estranha. Lembre-se de que essa conversa aconteceu há mais de trinta anos, e pouca gente tinha ouvido falar sobre esses alimentos. Assim, conforme ouvia o que aquele jovem de pele clara e cabelo saudável me dizia, dois fatos se tornaram óbvios para mim: ele era saudável, e eu estava doente. Com certeza ele tinha alguma coisa de que eu precisava.

Ele me mostrou um plano nutricional e perguntou:

— O que tem a perder?

Pensei naquilo por alguns segundos, enquanto olhava no espelho e via meu cabelo ralo, as manchas no rosto, as olheiras, a pele sem cor. Então eu disse:

— Por onde devo começar?

Ele prosseguiu mostrando para mim, uma etapa de cada vez, todos aqueles alimentos maravilhosos. O primeiro item que prescreveu era algo que eu podia comprar em uma loja de produtos naturais que ficava ali perto. Eu estava sofrendo havia semanas por causa de uma faringite. Naquela noite fiz o que ele recomendou e, na manhã seguinte, minha faringite havia desaparecido. Do dia para a noite eu havia me tornado uma adepta da alimentação natural.

Desde então, li todos os livros disponíveis sobre alimentação saudável. Comprei todos os aparelhos, como uma prancha abdominal, uma centrífuga para fazer sucos, uma máquina de picar legumes, uma iogurteira e assim por diante. Mergulhei de cabeça, me dediquei totalmente, virei fanática! Segundo o meu raciocínio, se um pouco era bom, mais seria ainda melhor, e muito mais seria perfeito. Não queria saber de equilíbrio.

Meu cabelo começou a crescer de novo, passei a me sentir melhor, ficava doente com menos frequência e recuperava a força dia após dia.

No entanto, todo aquele exercício regular e minha alimentação extremamente saudável (com ênfase no termo "extremamente") não eram suficientes para me proteger do estresse que invadiu cada área do meu ser. E minha confiança em práticas do ocultismo, como numerologia, astrologia, hipnose e "pensamento positivo", também desmoronou em meio a essa crise pessoal.

O segredo da saúde total

Algum tempo depois, aos 28 anos, voltei ao fundo do poço. Foi o momento de minha vida em que me senti mais velha. Poucas partes de meu corpo não foram afetadas. Em termos físicos, mentais e emocionais, eu estava em frangalhos. Tudo em mim era acinzentado: minha pele, meus olhos, meu cabelo, meu corpo, minha mente, enfim, minha vida. A única coisa que não parecia cinzenta era o futuro: para mim ele era negro, sombrio.

Felizmente, havia outra cantora com quem havia trabalhado de vez em quando. Como aquele rapaz do *Glen Campbell Show*, ela exercia uma atração brilhante, clara, energética, saudável. No entanto, mais do que isso, ela tinha uma característica indefinível que chamava a atenção. Ela disse: "Posso ver que você não é feliz. Por que não me acompanha e conversa com o meu pastor? O que tem a perder?".

Onde eu já tinha ouvido aquilo? Lá estava eu de novo, tão péssima que não tinha mesmo nada a perder. Por isso, fui com ela conversar com o pastor. Ele me mandou para casa com três livros e disse: "Leia esses livros e volte em uma semana para me dizer o que achou deles". Devorei os três, um dos quais era o Evangelho de João, da Bíblia. Eu nunca havia lido nada como aqueles livros. De alguma forma, eu sabia que aquilo que estava lendo era a verdade.

Na semana seguinte, eu e minha amiga voltamos ao gabinete do pastor e lá aceitei Jesus Cristo como meu salvador pessoal. Eu era, em todos os sentidos, uma pessoa "nascida de novo". O Espírito Santo de Deus entrou em meu coração porque eu o convidei, e ele começou a operar vida em mim, de dentro para fora. A tremenda, poderosa e abrangente luz de Deus começou a penetrar em todas as trevas pelos espaços cinzentos do meu ser. Então, saí daquela escuridão na qual habitara por toda a minha vida. Pedi a Deus que operasse em mim seu poder purificador, e ele limpou minha alma. O Senhor sacudiu a minha vida de tal maneira que todas as coisas ruins desmoronaram e todas as coisas boas ficaram firmes. Comecei a aprender sobre os caminhos de Deus e passei a ver como esses caminhos são bons. Eles não são apenas bons: também estão de tal forma acima dos caminhos humanos que não dá nem para comparar. Os caminhos de Deus são perfeitos!

E, assim, em todas as áreas de minha vida, Deus começou a mostrar o que estava certo e o que estava errado; o que poderia promover o bem e o que poderia promover o mal; o que traria doença e mal-estar e o que traria saúde. Ele me mostrou, entre todas as muitas coisas que tive a oportunidade de aprender sobre saúde, aquelas que realmente faziam parte de seus intentos para nós e as que não faziam. Comecei a aprender o que significava ser uma pessoa equilibrada.

Durante anos acreditei que exercícios físicos regulares eram o que havia de melhor para a saúde total. Substituí as aulas de dança por aulas em uma academia local que dispunha de um bom instrutor. Logo comecei e dar aulas também. No entanto, eu tinha consciência de que apenas o exercício físico nunca poderia ser a resposta total aos problemas de saúde. Também aprendi as coisas maravilhosas que podem acontecer quando passamos a ingerir alimentos de alto valor nutricional. Mas também descobri que a dieta não era o único segredo para uma boa saúde.

Comecei a ver que havia *muitas* coisas diferentes que deveriam ser combinadas na medida certa para alcançar uma vida saudável. Tudo isso foi reunido em sete passos — sete diferentes elementos que trabalham juntos para promover e preservar a saúde e o bem-estar.

OS CAMINHOS DE DEUS SÃO BONS

A Bíblia diz: "Meu povo foi destruído por falta de conhecimento" (Os 4:6). Que grande verdade! A doença e a morte prematura são lugares-comuns porque não temos conhecimento dos caminhos do Senhor. Vivemos muito longe do caminho que Deus criou para nós. É por isso que há tanta dor e tantas doenças, tantas dores de cabeça,

O segredo da saúde total

tantos enfartes, tanto mau humor, tantas doenças mentais e completa falta de alegria. Sofremos um bocado só por causa de nossa ignorância em relação aos caminhos de Deus.

No livro *Back to Eden* [De volta ao Éden], Jethro Kloss afirma: "O ser humano não se desvia da natureza por lhe faltar inteligência ou instinto, mas porque deseja a satisfação dos próprios desejos". Não tenho dúvida alguma de que essa é, antes de tudo, a razão pela qual o ser humano se afastou dos caminhos de Deus: ele queria satisfazer os próprios desejos. É por isso que eu e você temos tantos problemas de saúde hoje em dia. Queremos satisfazer nossa carne mais do que desejamos servir a nosso Deus. Kloss prossegue e afirma: "Deus providenciou um remédio para todas as doenças que podem nos afligir".

É possível que quase todas as doenças sejam causadas por algum tipo de violação das leis naturais divinas. Não somos obedientes a elas porque não as entendemos.

Há pessoas que vivem de acordo com os caminhos de Deus — estilo de vida simples, perto da natureza, amando a beleza pura e fresca das coisas naturais. Se você vive em uma fazenda e gosta de legumes e frutas do pomar, bebe água de uma fonte própria e não contaminada, come carne dos animais que cria, pesca em seu lago não poluído, trabalha de manhã à noite em atividades físicas saudáveis, descansa bem à noite, ama o Senhor e jejua e ora regularmente para a glória de Deus, então não precisa deste livro. Embrulhe-o e dê de presente a um de seus amigos da cidade porque você já está vivendo do jeito que foi criada para viver. Não estou dizendo que todo mundo deve trabalhar na fazenda, mas todos poderíamos viver bem mais perto da maneira que Deus planejou para nós.

Nós nos tornamos pessoas fatigadas. Algumas pessoas jamais aprenderam os caminhos de Deus, e com certeza não conseguem discernir esses caminhos no mundo que as cerca. Todo ano nos afastamos mais e mais do modo que Deus planejou para que vivêssemos.

Nós nos tornamos pessoas tão pervertidas que passamos a inverter os conceitos do bem e do mal. E não temos o direito de culpar os outros — *todo mundo* faz isso. Talvez não sejamos tão maus quanto alguns que podem ser considerados extremamente perversos e cruéis, mas agimos da mesma maneira em pequenas coisas. E é assim que começa, não é verdade? Certa vez, ouvi uma senhora dizer com veemência ao filho: "Nada disso! Você não pode comer mais cenouras enquanto não terminar o cachorro-quente e as batatas fritas!". Fiquei impressionada ao ver como o raciocínio daquela mulher se inverteu. Eu conhecia bem a mãe do menino, e ela estava fazendo o que achava ser a coisa certa, o melhor que podia. Mas não tinha o menor conhecimento do caminho certo. Vivemos em uma sociedade que deseja transformar crianças em super-homens, em vez de ensiná-las os caminhos de Deus e como viver em perfeita liberdade e simplicidade, em paz com o Senhor e com o próximo.

No entanto, há aqueles que *aprenderam* o jeito certo de fazer as coisas, mas escolheram não segui-lo. Temos um conhecimento interno ou uma voz interior que nos mostra o caminho, mas preferimos ignorá-la. "Quer você se volte para a direita quer para a esquerda, uma voz atrás de você lhe dirá: 'Este é o caminho; siga-o'" (Is 30:21).

Aprenda a amar o seu corpo

Não é bom ficar preocupada em demasia com seu corpo, mas é sábio valorizar o templo que Deus concedeu a você. O Espírito Santo de Deus habita em seu corpo maravilhoso e trabalha por intermédio dele. Mas como você o trata? Você o alimenta mal, não permite que ele se exercite, isola-o do ar fresco e do sol, enche-o com os venenos da intolerância e da amargura, nunca lhe concede descanso e ainda o critica porque não tem boa aparência ou não faz o que você manda? Se é esse o seu caso, quero dar a você a primeira incumbência que encontrará neste livro: Pare com isso!

O segredo da saúde total

Você precisa mudar seu jeito de pensar e passar a ter respeito, amor e apreço pelo corpo que Deus lhe concedeu, não importa o aspecto que ele tenha neste momento. Comece a dizer a Deus, como Davi: "Eu te louvo porque me fizeste de modo especial e admirável" (Sl 139:14). Entregue seu corpo "em sacrifício vivo, santo e agradável a Deus" (Rm 12:1). Seu corpo é uma ferramenta ministerial. Você acha que pode servir ao Senhor melhor quando está doente ou saudável? Quer servilo por, no máximo, dois anos ou prefere se dispor a fazer a obra de Deus por dez, vinte, trinta anos ou mais? Nossa condição física pode influenciar a vida espiritual bem mais do que costumamos achar. Se formos disciplinados no cuidado com o corpo físico, maior probabilidade de sermos disciplinados também na vida espiritual.

Não me importo com quanto dinheiro você herdou da tia Maria ou quantos hospitais seu plano de saúde oferece: você não pode se dar ao luxo de ficar doente. Ninguém pode. A doença prejudica os relacionamentos e a capacidade de servir bem mais do que podemos imaginar. Deus determinou que o corpo tivesse a propriedade de se curar e restaurar, se o tratarmos do modo apropriado. Para aqueles que, como acontecia comigo, não são saudáveis e não possuem o privilégio de uma boa nutrição nem conhecem os caminhos de Deus, tenho boas notícias: seu corpo pode ser restaurado em questão de meses. Os Sete Passos para a Saúde Total constituem um guia que mostra como fazer isso.

Os Sete Passos para a Saúde Total

Os Sete Passos para a Saúde Total se baseiam na Bíblia: "Pois a vida da carne está no sangue" (Lv 17:11). Essa passagem possui um profundo significado espiritual, pois se refere, em última análise, ao sangue expiatório de Jesus. Mas como as Escrituras têm aplicações de ordem prática, além de espiritual, para os propósitos deste livro

Introdução aos sete passos 23

consideraremos o significado físico. Lembre-se: Deus não deixou o ser humano aqui neste mundo para ele "se virar". O Senhor proveu recursos para o sustento do espírito *e* do corpo. Se a chave da vida está no sangue, então faz sentido dizer que a manutenção da limpeza, da pureza e da saúde do sistema sanguíneo (ou circulatório) é de importância vital. Não importa quantos germes nos cercam: se o sistema sanguíneo está limpo, a doença não tem como se desenvolver dentro dele. Cada um dos sete passos contribui para a limpeza e a saúde do sistema circulatório — um sistema que funciona perfeitamente em todas as áreas. Os Sete Passos para a Saúde Total são: 1) viver em paz; 2) alimentação pura; 3) exercícios apropriados; 4) muita água; 5) oração e jejum; 6) períodos de ar fresco e luz do sol; e 7) descanso perfeito.

Não parece simples? Bem, você tem razão, os passos *são mesmo* simples. Os caminhos de Deus são sempre maravilhosamente simples. Quem complica as coisas somos *nós*. Os caminhos de Deus são perfeitamente equilibrados. O ser humano, quando deixado por sua própria conta e risco, ignora o equilíbrio. Por isso, embora os Sete Passos para a Saúde Total pareçam simples, qualquer exagero ou negligência em relação a um ou dois deles pode causar problemas. O segredo é *equilíbrio*. "... quem teme a Deus evitará ambos os extremos" (Ec 7:18).

Os passos se inter-relacionam e são interdependentes. Não é possível seguir um deles sem observar todos os demais. Eles seguem a ordem de 1 a 7 por uma boa razão: viver em paz, o primeiro passo, é a fonte a partir da qual toda a saúde flui; descanso perfeito, o último passo, ocorre naturalmente depois que todos os outros estão funcionando devidamente. Entre os passos 1 e 7 há uma progressão natural, em que cada passo prepara o caminho para o seguinte. Lembre-se: CADA PASSO DEPENDE DOS OUTROS SEIS — você não deve esperar até alcançar o domínio total de um para passar ao seguinte. É importante dar um passo de cada vez em cada uma das sete categorias, sempre verificando para ver se você está conseguindo manter o equilíbrio.

Os Sete Passos para a Saúde Total constituem um estilo de vida consistente, confiável e preventivo que promove a boa saúde. Eles foram elaborados com o objetivo de agregar qualidade e tempo à sua vida. Não podemos escapar à morte, mas não precisamos viver mal por todos os dias de nossa existência neste mundo. Todos os sete passos são exigências, não opções. Eles constituem as exigências mínimas para alcançar uma boa saúde.

Palavras verdadeiras

"Este é o Deus cujo caminho é perfeito."
SALMOS 18:30

"Tu me farás conhecer a vereda da vida."
SALMOS 16:11

"... para que ele nos ensine os seus caminhos,
e assim andemos em suas veredas."
ISAÍAS 2:3

"E conhecerão a verdade, e a verdade os libertará."
JOÃO 8:32

"Há caminho que parece reto ao homem,
mas no final conduz à morte."
PROVÉRBIOS 16:25

"O temor do SENHOR é o princípio da sabedoria."
SALMOS 111:10

"A lei do SENHOR é perfeita, e revigora a alma."
SALMOS 19:7

primeiro passo

Viver em paz

Sei que corro grande risco usando um título de capítulo como esse no início de um livro sobre saúde. Para começo de conversa, pode levar algumas pessoas a fechar o livro e dizer: "O que isso tem a ver com saúde?". Outras podem se sentir inclinadas a pular este capítulo e ir direto às partes que falam de dieta e exercícios físicos. Mas, por ser um guia de saúde *total*, não posso começar de outra maneira senão com o passo mais importante: assegurar uma vida de paz consistente e relativamente livre de estresse. Sem certo nível de paz na vida da pessoa, todos os exercícios e as dietas do mundo não terão significado algum.

Ouvi muitos médicos dizerem que mais de 95% de todas as doenças estão relacionadas ao estresse. Mesmo as que não são causadas pelo estresse têm grande probabilidade de piorar por causa dele. Todo mundo já viu pessoas adoecendo depois de passar por um estresse muito alto, como a morte de um familiar ou um divórcio.

Margaret, uma mãe dedicada de três filhos criados sempre perto dela, ficou arrasada quando os três saíram de casa em um curto espaço de tempo. Embora tenham deixado o lar por razões muito positivas, a identidade de Margaret estava ameaçada, e a síndrome do "ninho vazio" a abalou demais. Ela desenvolveu câncer logo depois disso e não sobreviveu.

A aposentadoria forçada de Jack provocou um estresse tão forte que logo depois a boa saúde que ele tinha cedeu espaço para problemas no coração. Por sempre ter sido uma pessoa muito trabalhadora, produtiva e necessária, ele começou a se achar inútil e pensava que sua vida havia acabado. Ele logo vendou sua casa e se mudar para um sítio, onde podia trabalhar na terra, cuidando do pomar e criando alguns animais para outros fazendeiros. Hoje é uma pessoa útil, produtiva e ativa e dispõe de boa saúde.

A diferença entre Margaret e Jack é que ele reconheceu os sinais do estresse e foi capaz de tomar uma atitude.

OS DOIS TIPOS DE ESTRESSE

O estresse é a reação da mente, das emoções e do corpo a todo tipo de demanda imposta sobre você. A parte crucial, a que sempre esquecemos, é a seguinte: o efeito do estresse sobre o corpo não é determinado tanto *pelo que* acontece, mas sim pela maneira como você reage a esse acontecimento. Todos nós passamos por aqueles dias nos quais alguma coisa nos leva ao nervosismo e à depressão, ao passo que em outros dias a mesma coisa não nos afeta. Às vezes não é um acontecimento importante que provoca o estresse, mas uma série de coisinhas miúdas que se juntam e ultrapassam o nosso limite de resistência.

Há dois tipos de estresse: o positivo e o negativo. O estresse positivo é alegre, bom, desejável, controlável, fácil de lidar, empolgante e sua solução é agradável. Por exemplo: assumir aquele grande projeto profissional que você sempre quis; descobrir que o financiamento para comprar a casa de seus sonhos acabou de sair; ou chegar na casa de seus amigos ou parentes favoritos de surpresa. Todas essas situações produzem um estresse alegre, mas que não deixa de ser uma forma de estresse. Por essa razão, o corpo, a mente e as emoções precisam ter forças para lidar com isso.

De maneira contrastante, o estresse negativo é triste, insano, perturbador, incontrolável, difícil de resolver e deprimente. Por exemplo,

Primeiro passo: Viver em paz   29

questões muito sérias, como a morte de uma pessoa ou um divórcio, além de outros incidentes menos graves, como uma discussão entre marido e mulher, queimar a mão no forno ou levar uma multa de trânsito. Cada uma dessas situações parece fora de controle. O estresse negativo é o que cobra o preço mais alto do corpo.

As pessoas que lidam bem com o estresse negativo do dia-a-dia possuem uma espécie de fonte ou canal de liberação de determinada força interior. Elas não absorvem o estresse. Isso acontece porque assumem a responsabilidade pelas decisões diárias no que diz respeito ao que permitirão que aconteça na vida delas e o que não permitirão. Elas agem com uma confiança e um conhecimento sólido a respeito de quem são e quem o Senhor deseja que sejam. Situações negativas podem, às vezes, sair de nosso controle, mas nossa reação não. Nós é que decidimos como reagir. As pessoas que absorvem o estresse e se permitem ser transformadas em vítimas da situação são as mesmas que desenvolvem úlceras.

Um bom exemplo do que acontece quando o estresse negativo assume o controle e a pessoa prefere ceder a ele aconteceu em minha casa. Uma mulher e seu filho de dois anos foram morar com a nossa família. Meu filho de seis anos e minha filha de dois eram crianças muito boas que aprenderam as regras básicas da convivência no lar, como não escrever na parede, não derrubar os vasos de plantas, não rabiscar o tapete com o batom da mamãe, não enfiar o cobertor no vaso sanitário e puxar a descarga...

Essas regras sempre me pareceram básicas e bastante razoáveis. No entanto, a mãe que nos visitava não acreditava na importância da disciplina. Sistematicamente, ela permitia que o filho fizesse todas essas coisas. Mais ou menos depois de três semanas de lavagem das paredes, limpeza dos tapetes, aspiração da terra espalhada no chão e desentupimento do vaso sanitário, fiquei tão indignada que passei a sentir dor no estômago. Ia para a cama muito zangada e acordava de péssimo humor. O estresse daquela situação estava afetando o restante da família também. De repente, eu me dei conta do que estava fazendo. Eu havia me tornado a "pobrezinha", a vítima das circunstâncias, a partir do momento que permiti que a situação estressante me controlasse. Eu estava dando uma de "boazinha" para que todo mundo continuasse gostando de mim. Jesus nunca bancou o "bonzinho" para atrair a simpatia dos outros. Nada disso. Ele falava a verdade e fazia o que era certo.

Assim, perguntei a mim mesma: "Qual é a verdade em relação a essa situação?". A verdade era que as regras de nossa casa funcionavam como garantia de uma convivência de paz e bem-estar e que, como chefes do lar, eu e meu marido tínhamos a responsabilidade de fazer que essas regras fossem cumpridas, reforçando-as.

Conversei com aquela mulher e pedi desculpas por não ter avisado a ela quanto às regras assim que ela chegou. É um erro achar que outra pessoa deva saber de antemão as regras que funcionam em sua casa. Com gentileza, eu disse a ela que teria de adequar o comportamento do filho às regras de nossa casa; caso contrário, nós teríamos de fazê-lo. Ela continuou negligente na disciplina da criança. Por isso, a partir daquele momento, quando o filho escrevia nas paredes ou passava batom no tapete, levava uma palmadinha minha ou de meu marido.

Em questão de dois dias e seis palmadinhas, o menino começou a ver que era mais sábio fazer as coisas do nosso jeito. A paz voltou ao nosso lar, a dor no estômago se foi e até a mãe da criança parecia mais aliviada. Por ter me esquecido da verdade sobre quem eu era e do que era certo, permiti que minha família inteira sofresse por quase um mês antes de tomar uma providência.

O que aprendi daquela experiência foi: *não é* pecado ter regras na vida. *Não é* pecado corrigir uma criança. Mas *é* pecado guardar rancor.

Primeiro passo: Viver em paz 31

É pecado ir para a cama com raiva. *É* pecado tentar bancar o "bonzinho" para fazer que todo mundo goste de você, em vez de fazer a coisa certa. *É* pecado convidar pessoas para a sua casa e depois se aborrecer porque elas quebraram certas regras das quais nunca ficaram sabendo. *É* pecado tentar controlar as pessoas mantendo uma enorme lista de expectativas quanto ao comportamento delas e, em seguida, se zangar ou decepcionar ao ver que elas não são capazes de cumprir os requisitos. *É* pecado deixar o corpo adoecer por não controlar o estresse à sua volta tanto quanto lhe é possível.

Não podemos controlar totalmente o estresse, mas podemos controlar a reação, assim como é possível fortalecer o corpo para lutar contra ele.

AS FONTES DO ESTRESSE

O estresse tem quatro origens principais:

1. Ambiente: viver em uma cidade, por si, pode ser muito estressante. Muito barulho e poluição, muita gente, engarrafamentos, competição no trabalho e na escola, isolamento e instabilidade se unem para cobrar seu preço no corpo e na mente. Além disso, o tipo de pessoa com quem você mora ou convive pode ser positivo e edificante, mas também pode ser negativo e decepcionante.

2. Alimentação deficiente: há alimentos que contribuem muito para o estresse, como café, chá, açúcar refinado, farinha branca, sal e alimentos processados que contêm aditivos químicos — entre muitos outros. Entrarei em mais detalhes sobre esse assunto no próximo capítulo.

3. Falta de exercícios: o exercício físico reduz qualquer tipo de estresse. Por isso, a falta de exercícios pode potencializar até os pequenos casos de estresse.

4. Sua atitude: já dissemos que o problema não está tanto no que acontece com você, mas é a sua reação a isso que faz diferença.

32   O segredo da saúde total

Costumamos nos torturar tanto com dúvidas, culpas e medos que, em muitos casos, provocamos mais estragos pensando em algo que pode acontecer do que naquilo que devemos fazer para resolver o problema quando ele ocorrer.

Os SINAIS DO ESTRESSE

Toda pessoa possui um nível próprio de tolerância ao estresse. Algo que afeta profundamente uma pessoa pode mal ser percebido por outra. Por causa das muitas mudanças na química do corpo provocadas pelo estresse prolongado, as doenças físicas e emocionais que surgem também costumam ser pessoais. O que faz a pressão de uma pessoa subir pode levar ao câncer em outra. Às vezes o estresse toma conta de maneira sutil. Achamos que o estamos combatendo da maneira devida, por isso não percebemos os sinais. É importante estar atento a eles sempre que ocorrerem conosco ou com as pessoas à nossa volta.

Alguns sinais de dificuldade no combate ao estresse são tensão, irritabilidade, depressão, sensação de estar em outro mundo, fadiga constante, facilidade para esquecer as coisas, baixa tolerância à frustração, falta de paciência, perda de apetite e de sono, dores de cabeça freqüentes, vontade repentina de chorar por causa de coisas sem importância, reações alérgicas, prisão de ventre, dores musculares e problemas na pele. Há ainda outros sinais mais graves, tais como aumento da pressão arterial, hipertensão, envelhecimento precoce, colite, úlcera, problemas nas glândulas, deficiência no sistema imunológico, doenças cardíacas e câncer.

Tudo quanto fazemos produz algum tipo de estresse, mas quando ele se torna excessivo e ultrapassa a capacidade que nosso corpo tem de suportar, então estamos com problemas. Lembre-se de que a reação final ao estresse é a morte. Precisamos reconhecer o estresse em nossa vida antes que ele se torne muito grave, assim como devemos tomar as medidas necessárias para combatê-lo.

Você pode seguir todos os outros Passos para Melhorar a Saúde (incluindo a boa alimentação e os exercícios regulares), mas se não combater o estresse, pode acabar muito doente. É por essa razão que o primeiro passo se torna tão crucial.

DUAS ESCOLHAS

Da maneira como vejo, há duas alternativas para lidar com o estresse: fazer alguma coisa para mudar a situação ou aprender a se a adaptar "a toda e qualquer circunstância" (Fp 4:11) e se fortalecer física, mental e espiritualmente para sobreviver a ele.

Há muitas situações estressantes sobre as quais *podemos* fazer alguma coisa. Por exemplo, se você vive perto de uma rua muito movimentada ou de um aeroporto e o barulho excessivo a está enfraquecendo ou esgotando, pense na hipótese de se mudar para um bairro mais calmo. Conheci pessoas que se mudaram para perto do mar porque adoravam a ideia, mas depois de alguns anos o barulho das ondas se tornou tão irritante que elas tiveram de se mudar para outro lugar um pouco mais longe da praia, onde podiam aproveitar a vista e manter o silêncio.

Se a sua rotina é estressante, pense em assistir a algumas aulas sobre administração de tempo ou ler um livro sobre o tema para se organizar melhor.

Se você é uma pessoa perfeccionista, tudo o que não é perfeito será motivo de estresse em sua vida.

Caso esteja enfrentando um relacionamento estressante (e, sejamos sinceros, gente é o principal fator causador de estresse) e não perceba nenhum movimento na outra pessoa para melhorar sua atitude, leve a questão a Deus e diga: "Tudo bem, Deus, o que o senhor poderia mudar *em mim* para tornar esse relacionamento melhor?". Se esse processo é doloroso? Com certeza! Morrer para nós mesmos é sempre doloroso. Especialmente quando você está

O segredo da saúde total

convencido de que a outra pessoa precisa de mais mudanças. Mas esse tipo de dor conduz à *vida*. A outra alternativa é igualmente sofrida, e acaba desembocando em doença e morte lenta. Por isso, analise as fontes de seu estresse. Faça uma lista. Veja se há alguma coisa que pode ser mudada para aliviar o problema e, em seguida, tome a iniciativa quanto antes para fazer isso. Se não conseguir mudar a situação, reflita um pouco ou leia alguma coisa sobre como se fortalecer mental e emocionalmente para sobreviver ao estresse em sua vida.

O QUE IMPORTA É QUEM VOCÊ CONHECE

Em minha busca pela paz interior, eu me embrenhei no misticismo oriental, na prática do ocultismo, em "ciência disso", "ciência daquilo", pensamento positivo, auto-hipnose, astrologia, numerologia e meditação transcendental. Caso você esteja pensando em fazer alguma dessas coisas, permita-me economizar seu tempo e sua saúde: NADA DISSO FUNCIONA! Tudo isso tem um forte apelo, e algumas dessas coisas até parecem ajudar por algum tempo, mas nenhuma delas dura e, em última análise, todas são perigosas. Em todos os casos, a ênfase está naquilo que você *faz* (ou *não faz*, em alguns deles). Mas aprendi que, quando se trata de paz, tanto imediata quanto eterna, o que importa é quem você conhece.

A única paz verdadeira que você pode ter virá de um relacionamento apropriado com Deus por intermédio de seu Filho, Jesus Cristo, e pela ação do Espírito Santo em sua vida. Todas as outras coisas são perda de tempo! A presença do Espírito Santo de Deus em nós produz uma paz interior que nada mais é capaz de proporcionar. Essa é a fonte da paz, da saúde e da beleza. Você precisa de um relacionamento profundo, comprometido e amoroso com Deus para ter saúde em todas as áreas de sua vida.

"De madrugada te buscarei"

É difícil conversar com alguém que você não conhece. Mas também é difícil conhecer pessoas com as quais você não fala. Vemos como isso funciona nas amizades: não dá para falar sobre assuntos mais íntimos quando há vinte pessoas em volta, ouvindo tudo. Só é possível conversar sobre essas coisas a dois. O mesmo vale para nossas conversas com Deus. Você precisa dedicar tempo diário e exclusivo para ele — *você* dedicada só ao Senhor. É assim que conseguirá conhecê-lo melhor. Não é a mesma coisa que orar na igreja, com a sua família ou em uma reunião de oração. Tudo isso é muito bom, mas nada substitui sua comunicação pessoal diária com Deus.

A oração é um meio de entrar em contato com Deus e abrir o coração para os propósitos que ele tem para a nossa vida. Quanto mais tempo você passa sozinha com o Senhor, em silêncio e solidão, melhor consegue ouvir a voz divina orientando e dirigindo sua vida em momentos de alvoroço e barulho. Tornar a oração um hábito diário lhe permitirá formar uma reserva sobrenatural de força e paz para enfrentar o dia a dia. Assim, conseguirá manter a calma quando tudo à sua volta se resumir a caos.

A oração *funciona*. Suas orações são *sempre* ouvidas e *sempre* produzem efeito. Elas fazem as coisas acontecerem. Já ouvi pessoas dizendo: "Se Deus sabe tudo, então sabe do que preciso. Não preciso pedir nada". Mas o Senhor nos deu liberdade de escolha para que pudéssemos tomar decisões por conta própria. É responsabilidade nossa dar o primeiro passo, e aí Deus nos encontra onde quer que estejamos. Ele diz que não precisamos nos preocupar com as coisas, mas *devemos* apresentar nossos pedidos.

Davi afirma: "De manhã ouves, Senhor, o meu clamor" (Sl 5:3). Também diz: "... de madrugada te buscarei" (Sl 63:1, RC). Jesus também acordava antes do amanhecer e ia a algum lugar solitário para orar. Quando deixamos escapar as oportunidades de buscar a Deus

O segredo da saúde total

em oração bem cedo, pela manhã, acabamos passando o restante do dia tentando, em vão, recuperá-las.

Já ouvi alguém dizer que devemos nos tornar mais íntimos de Deus antes de nos tornarmos mais íntimos das pessoas. Trata-se de uma grande verdade! A oração proporciona sabedoria e paz, além de fortalecer a mente. Acordar de manhã às pressas sem dedicar tempo a Deus em oração nos coloca em grande desvantagem. Se você separa um tempo para se comunicar com a *torre de comando* antes de *decolar* para o restante do dia, consegue reduzir as chances de perder o controle do *voo*.

Para a maioria das pessoas, o tempo passado a sós com Deus não é uma atividade espontânea e diária. É algo que exige planejamento. Se você precisa incluir esse período de oração em sua agenda, faça isso! Mesmo que sejam apenas quinze minutos por dia, no início. É preciso encontrar tempo para a oração, tal como você encontra para outras coisas importantes na vida. Outras pessoas podem até achar que seu tempo a sós com Deus não é tão importante assim, e que "não tem problema nenhum esquecer só por hoje". No entanto, se estiver escrito em sua agenda, então você poderá dizer: "Sinto muito, tenho um compromisso às sete e meia. Será que dá para a gente se encontrar às oito?". Se você não conseguir orar pela manhã, ore no horário que puder. Só não deixe de fazer da oração uma prioridade.

Você precisa de um lugar calmo onde não haja nenhum tipo de interrupção: nada de televisão, telefone, livros, revistas, amigos ou familiares — é só você e Deus. Se a única alternativa for se ajoelhar ao lado da banheira, então faça isso. Deus olha para o que está em seu coração, e não à sua volta. Se o único horário disponível for depois de colocar todo mundo na cama, então é esse seu tempo para oração. Se você não encontrar tempo, parte de sua vida vai simplesmente se esvaziar dia após dia; aos poucos, se sentirá como um ovo vazio, cuja casca se quebra mesmo sob a menor pressão.

Quando for orar, leve a Bíblia, um caderno e um lápis. Às vezes, Deus começa dizendo muitas coisas, e é bom escrever tudo para não esquecer o que acabou de ouvir. Da mesma maneira, se o Senhor lhe revela uma passagem das Escrituras, ou se ele a faz recordar alguma coisa que precisa ser anotada, não será nada bom ter de sair de seu espaço de oração para encontrar um lápis. Na única vez em que fiz isso, descobri que o cachorro havia mastigado um jornal que tive de pegar e jogar no lixo. Aí percebi que tinha de colocar o lixo do lado de fora para ser recolhido na manhã seguinte. No caminho, o telefone tocou. Atendi e fiquei falando por quinze minutos. Foi então que o bebê acordou com fome. A essa altura, adeus, oração. Já estava envolvida na correria de novo. Portanto, reserve um espaço de quietude e tome todas as providências necessárias para assegurar uma oração sem interrupções.

Apresente-se diante do Senhor e esvazie-se de quaisquer preocupações. Leve tudo quanto está sentindo ao trono de Deus. Revele suas expectativas, suas falhas, suas decepções e seus segredos. Às vezes, é nesse momento que conseguimos nos libertar de todas essas coisas. Lembre-se de que Deus conhece você muito bem e a aceita do jeito que é. Converse com o Senhor como uma amiga íntima ou confidente, mas não se esqueça de dar a ele a oportunidade de responder. Coloque diante do Pai *tudo o que* diz respeito ao seu dia e peça a bênção divina sobre essas coisas.

Qualquer coisa que você entrega a Deus é multiplicada, no mínimo, por dez. Isso inclui tempo também. Você pode dedicar apenas quinze ou vinte minutos ao Senhor em determinada manhã, mas descobrirá que, ao oferecer todo o seu dia, ele a ajudará a fazer tudo quanto for necessário, e de um modo calmo, organizado, tranqüilo e livre de estresse. Na verdade, a disciplina de passar tempo a sós com Deus nos capacita a viver uma vida mais ativa. Se você está sentindo fraqueza e debilidade, talvez esteja fraca e debilitada em sua oração.

O segredo da saúde total

Não se esqueça de orar por todas as pessoas com quem mora (filhos, marido, amiga etc.). Sua paz depende da ação de Deus na vida dessas pessoas também. Haverá dias em que você não sentirá nada, como se a sua oração fosse inútil e sem sentido. Mas isso não é verdade. De vez em quando passamos por épocas assim, mas não perca o ânimo. Há *sempre* alguma coisa acontecendo. O período de oração nos acalma e alivia o estresse. Afasta os problemas antes mesmo que eles surjam. O tempo a sós com Deus é vital à saúde, por isso, não negligencie.

ABRA O JOGO

Não viva uma vida oculta nem tente esconder nada de Deus. Você precisa manter um relacionamento absolutamente honesto com ele; caso contrário, estará apenas "brincando de igreja". Portanto, coloque todas as coisas diante de Deus todos os dias. Em outras palavras, ABRA O JOGO! Saia de seu espaço de oração totalmente limpa diante do Senhor. Não permita que o Diabo a prenda com as correntes da culpa, sabendo que seria muito mais fácil apresentar aquele problema a Deus e se sentir livre. Você não deve transigir nem se enganar, especialmente sobre você mesma e o que se passa em seu coração.

"Sonda-me, ó Deus, e conhece o meu coração; prova-me, e conhece as minhas inquietações. Vê se em minha conduta algo te ofende" (Sl 139:23-24). Se você não faz higiene diária, acaba precisando de tratamento médico. Lembre-se: Deus não criou leis para ele, e sim para *nós*. *Ele* não precisa de confissão. O Senhor já sabe a verdade. Quem precisa se confessar é *você*!

Pense nisso da seguinte maneira: o Diabo quer atingi-la com seus dardos venenosos. Quando você obedece ao Senhor, os dardos não são capazes de penetrar; você está sob a proteção da cobertura divina. Mas quando uma pessoa desobedece e não anda de acordo com as orientações de Deus, ela mesma se coloca fora dessa proteção. Assim, quando faz alguma coisa errada e não a confessa, o Diabo lança um dardo de culpa justamente naquela área desprotegida. Dependendo da quantidade de dardos, é possível que a pessoa não consiga sequer andar por aí, tamanho o peso que terá de carregar.

Não importa quão pequena seja a transgressão, não saia por aí carregando um fardo de culpa. Faz mal para a saúde. Não permita que o Diabo encontre pequenas áreas desprotegidas em sua estrutura emocional, através das quais ele possa lançar um dardo venenoso. Quando o nosso coração não nos condena e o Diabo também não, então podemos sentir paz.

USE UM MANTO DE LOUVOR

Hoje em dia, é muito comum ver pessoas contratando especialistas para dizer qual a cor de roupa que combina melhor com a personalidade delas. É impressionante ver como essa gente "ganha vida" quando usa roupas nas cores certas: os olhos parecem brilhar mais, o tom da pele e a cor do cabelo ganham mais destaque. Mas existe um tipo de veste multicolorida apropriada a todas as pessoas. É o manto de louvor. Não conheço ninguém, homem ou mulher, que não pareça mais atraente quando usa "um manto de louvor em vez de espírito deprimido" (Is 61:3).

Louvar a Deus convida a presença divina a entrar em nossa vida; essa presença nos chega para transformar a nós e às circunstâncias. Assim, se você quer mais do Espírito do Senhor em sua vida, entregue mais de si ao louvor e à adoração. Certa vez, ouvi uma descrição muito apropriada do louvor: é "uma resposta de amor humano ao amor divino".

Louvar a Deus alivia a pressão porque permite que o Senhor sopre vida através de você e de suas capacidades, em vez de obrigá-la a tentar resolver tudo por conta própria. Não há problema algum em perder a confiança em si e em suas capacidades, pois é nesse

O segredo da saúde total

momento que você pode desenvolver a confiança na capacidade divina para sustentá-la. Assim, caso venha a se sentir triste por achar que lhe faltam talentos ou dons, leve essa questão ao Senhor e comece a louvá-lo. Ele lhe concederá toda a capacidade de que precisa e elevará o seu espírito.

Sua atitude em relação à vida pode ser tanto de gratidão quanto de ingratidão. É preciso fazer o mesmo esforço para encontrar motivos de agradecimento a cada dia que se faz para descobrir razões para ficar de mau humor. Por essa razão, você tem uma escolha a fazer toda manhã, assim que acorda.

Uma das opções é levantar pensando assim: "Aqui vamos nós para encarar outro dia terrível. Está chovendo, as crianças vão me deixar maluca e meu marido não consertou a televisão. Tenho certeza de que ele não ouve uma palavra que digo. Ninguém valoriza as coisas que eu faço, de que adianta me esforçar?". E quando seu marido está saindo para trabalhar, ele diz: "Até logo, meu bem, tenha um bom dia". A essa altura, você grita com ele: "Não me diga o que tenho de fazer!". Aí está o tom que marcará todo o seu dia.

Pense se não seria bem mais agradável levantar e dizer: "Este é o dia em que o Senhor agiu; alegremo-nos e exultemos neste dia" (Sl 118:24). Em seguida, comece a louvar a Deus por quem ele é e pelas coisas que tem realizado. Agradeça-lhe por estar ao seu lado nesse dia. Agradeça por coisas específicas, grandes ou pequenas, que tenham acontecido em sua vida recentemente. Por exemplo:

Obrigada, Senhor, por aquela vaga livre na frente da lavanderia justamente quando eu estava mais atrasada. Obrigada por aquela conversa pessoal que tive com a minha mãe. Obrigada por me proteger quando o caminhão de cimento atravessou o sinal vermelho. Obrigada, Deus, porque as notas de meu filho na escola melhoraram. Obrigada, Pai, por eu ter dormido tão bem na noite passada.

Uma vez iniciada a sessão de agradecimentos, é difícil parar. De repente, você se vê cantando no chuveiro, sorrindo para o marido, tendo paciência com os filhos, atendendo ao telefone com uma voz agradável e enfrentando o dia com o mínimo de estresse. E tudo porque tomou uma decisão no começo do dia: escolheu a vida, em vez da morte.

Quando você sente que a vida lhe escapa ao controle ou que uma atitude ruim a incomoda, comece a louvar a Deus. Se está tão *para baixo* a ponto de não conseguir pensar em nada para agradecer, pelo menos seja grata por ter uma mente e por respirar. Comece por qualquer lugar! Deus deseja que tenhamos um espírito de louvor, que assumamos uma postura de adoração. Não se trata apenas de uma atividade eventual — é um estilo de vida.

Não é nada saudável pensar apenas em nós o tempo todo. Quando focamos demais em nós mesmas, passamos a enfrentar problemas mentais. Os manicômios estão cheios de gente que faz exatamente isso. Quando uma pessoa olha apenas para si e pergunta: "Como estou me saindo? Estou indo bem?", isso não faz bem para a saúde. A "geração eu" é caracterizada por corpos maravilhosos e mentes tão perturbadas quanto suas emoções. Tem de haver equilíbrio entre a preocupação saudável com o bom estado do corpo, da mente e do espírito e o zelo exagerado e neurótico com o *ego*, que é o principal fator produtor de estresse.

Concentrar-se em Deus é uma maneira maravilhosa e positiva de promover a saúde mental. O antídoto perfeito para o excesso do "eu" é o louvor. Saia um pouco de si e se concentre no Senhor. Até mesmo aquela postura que algumas pessoas assumem de louvar a Deus com as mãos erguidas sugere que você não deve se prender ao ego ou a qualquer coisa deste mundo quando está louvando o Senhor.

Todo dia é dia de começar de novo. "Estou fazendo novas todas as coisas!" (Ap 21:5). Suas misericórdias nunca falham. "Renovam-se cada manhã" (Lm 3:22-23). É possível viver todos os dias com entusiasmo, alegria, júbilo, força, ânimo, otimismo e beleza quando você começa com uma atitude de louvor ao Pai amoroso. Trata-se de uma das coisas mais saudáveis que se pode fazer em todas as áreas da vida.

COMO VOCÊ ESTÁ ALIMENTANDO A SUA MENTE?

Que tipo de revistas e livros você costuma ler? São educativos, informativos, estimulantes? Você se considera uma pessoa melhor depois de ler essas publicações? Ou se sente exausta, deprimida, triste e até um pouco culpada? E quanto à música que ouve em casa e no rádio do carro? É edificante e faz bem ao seu espírito? Ou percebe um espírito de egoísmo, ambição, agitação, luxúria ou violência por trás das mensagens que elas transmitem? E como ficam os filmes e os programas de televisão aos quais assiste? A TV fica ligada no máximo volume o dia inteiro, enchendo a sua mente de bobagens? O som é tão alto que você não consegue ouvir a voz de Deus nem mesmo quando ele está gritando?

No livro *How to Have Good Health* [Como ter boa saúde], o dr. E. Ted Chandler afirma que as pessoas que assistem a televisão por mais de quatro horas por dia são "mais medrosas, ansiosas e desconfiadas do que aquelas que só ligam a TV menos de duas horas por dia". Descobri que isso é mesmo verdade quando estava grávida de meu segundo filho. Como eu passava muito mal pela manhã, deixava meu filho de quatro anos na frente da televisão durante horas — algo que eu normalmente não permitia. Ele começou a ter pesadelos frequentes, mas eu pensava que pudesse ser resultado de ansiedade por achar que a chegada de um irmão poderia ameaçar a sua condição de único filho a receber a atenção da família.

Quando comecei a sentir menos náuseas e passei a desligar a televisão para que ele usasse mais os brinquedos, os pesadelos cessaram.

Eu achei ótimo poder contar com a "babá eletrônica" durante aquele período, mas passei a tomar mais cuidado com os danos que a TV poderia fazer caso se tornasse um estilo de vida para meu filho e não apenas uma solução temporária para meu problema. Pesquisas demonstraram que muita televisão reduz a capacidade de a criança pensar por si, e prejudica sua mente em tal medida que afeta até seu desempenho na escola. Aparentemente, as crianças que assistem a televisão por mais de três horas diárias não se saem tão bem nos estudos quanto as que passam menos tempo na frente da tela.

Assistir a muita televisão ou a programas de baixa qualidade é tão destrutivo para os adultos quanto é para as crianças. Há alguns programas muito bons na TV, com conteúdo informativo, edificante, inspirador, enriquecedor e divertido sem serem apelativos ou idiotas. Seja específica quanto ao que está vendo e por que assiste. *Não* se torne uma vítima da televisão, permitindo-se assistir a qualquer coisa que vê. Tome cuidado especial com os programas que a fazem sentir certa nostalgia, com saudades dos "velhos tempos", insatisfeita com a vida, deprimida, fantasiando como seria a vida com um marido diferente, uma casa melhor ou um relacionamento significativo com o bicho de estimação de sua melhor amiga. Desligue imediatamente na hora desses programas e nunca permita que eles voltem a se tornar parte de sua vida. Qualquer coisa que venha de Deus jamais fará você se sentir assim.

Lembre-se sempre: o que passa pela mente continua lá. Fica gravado em sua memória para sempre, e embora você possa esquecer daquilo por algum tempo, continua sendo parte de sua vida. Por isso, seja cautelosa com a maneira como alimenta a sua mente, pois é da mesma maneira que alimentará sua alma, assim como o que passa por seu estômago alimenta o seu corpo.

Isso nos leva ao próximo passo crucial no que diz respeito à obtenção da paz, ou seja, alimentar-se diariamente com a Palavra de Deus.

O segredo da saúde total

Ler a Bíblia é uma das chaves para a saúde emocional, física e espiritual. Deus nos oferece respostas para tudo em sua Palavra. Permita-me derrubar um mito do qual sempre ouço falar. Segundo ele, a Bíblia foi escrita há aproximadamente três mil anos e não pode ser aplicada hoje em dia. Isso não é verdade! Deus é um Deus que "não muda", e nos oferece respostas *para tudo* em sua Palavra. "De fato, eu, o Senhor, não mudo" (Ml 3:6). A Palavra de Deus é tão física e prática quanto é espiritual e eterna. Ele incluiu nela tudo o que precisamos saber para viver o dia a dia e para a vida eterna. Vou repetir: A bíblia é para hoje; ela não está ultrapassada. "A relva murcha, e as flores caem, mas a palavra de nosso Deus permanece para sempre" (Is 40:8).

O que pode ser anacrônico, porém, são algumas traduções. Se você usa uma tradução da Bíblia que não consegue entender, então não está usando a mais apropriada. Compre uma tradução que seja mais fácil para ler e entender. Se o texto de uma versão bíblica lhe parece difícil, troque por outra que considere mais simples e fácil de entender. Não estou interessada em ensinar você a preparar um sermão. Quero que se alimente com a Verdade. Se a sua tradução não satisfaz, use outra que lhe agrade.

Coloque os olhos em contato com a Palavra de Deus. Comprometa-se a memorizar os versículos que têm um significado especial para você. Verbalize a Palavra de Deus em voz alta todos os dias. Não fique na dependência de seu pastor ou de qualquer outro sacerdote para fazer isso por você. Há um crescimento, uma riqueza, uma confiança, uma certeza, uma esperança e uma alegria que só podem ser experimentados quando a pessoa permite que o Espírito Santo de Deus torne vivas as Escrituras.

É por essa razão que você não pode ler a Bíblia de uma vez só e dizer: "Tudo bem, terminei o livro. Qual é o próximo?". A Bíblia é um livro que deve ser lido e relido, e a cada vez que fazemos

Primeiro passo: Viver em paz 45

isso, Deus nos fala de maneira nova e diferente. Todos os dias, você receberá da Palavra de Deus algo diferente do que recebeu no dia anterior. É por isso que a Bíblia que você lê hoje não será a mesma que lerá no ano que vem ou daqui a uma década. Pode ser que você nem sempre perceba, mas você está sempre crescendo no Senhor. E o que ajuda você a crescer e ficar mais forte e sadio é se alimentar da Palavra de Deus diariamente. Se você precisa incluir isso em sua agenda, então inclua. É um passo mais importante do que você pode imaginar.

TEMPO DE RIR, TEMPO DE CHORAR

Você conhece aquela velha expressão "doente de tanta preocupação"? Bem, não se trata apenas de uma expressão: você pode mesmo ser tomada pela preocupação até ficar doente. Os médicos descobriram que o oposto também é verdadeiro. Sorrir pode ser um fator fundamental para melhorar a sua saúde. O riso normaliza a pressão arterial, aumenta o fluxo de oxigênio para o cérebro e reduz bastante os efeitos do estresse. É uma virtude maravilhosa ser capaz de encontrar humor em uma situação ou rir de si mesma. Como o corpo é diretamente afetado pelo que acontece na mente, uma vida de muito riso e alegria propicia boa saúde. Você ri tanto quanto deveria na vida? "O coração bem disposto é remédio eficiente, mas o espírito oprimido resseca os ossos" (Pv 17:22) e "o coração bem disposto está sempre em festa" (Pv 15:15).

Às vezes, o choro também pode lhe fazer bem. Outra coisa interessante é saber que ele oferece os mesmos benefícios físicos que o riso. Segundo pesquisadores, as pessoas doentes choram menos do que as sadias, e quem enfrenta problemas relacionados ao estresse tem maior probabilidade de considerar o choro um sinal de fraqueza ou de falta de controle do que aqueles que têm boa saúde. Eles descobriram que há certos elementos presentes nas lágrimas emocionais que não são encontrados nas lágrimas induzidas artificialmente (como, por exemplo, quando descascamos uma cebola). Seria possível que esses elementos fossem resultado da escalada do estresse e que só o choro tivesse o poder de liberá-los? Aparentemente, um fluxo livre de lágrimas parece uma maneira maravilhosamente saudável e natural de se livrar do estresse.

Na verdade, conter as lágrimas pode ser prejudicial à saúde. Por isso, se você sente vontade de chorar por *qualquer razão*, vá em frente, chore mesmo. E isso vale para os homens também! Tudo bem se você não quer chorar na presença de seu chefe quando a promoção não sai, nem na frente dos outros quando o seu time perde em casa a vaga para o campeonato. Então se tranque no escritório, no banheiro, no carro, no armário, na despensa, na garagem ou em um canto do quintal. Por que correr o risco de um enfarte ou um câncer aos 45 anos só por causa de alguma imagem falsa que a sociedade inventa? Jesus chorou, e nunca houve um ser humano tão perfeito como ele.

Meu filho, Christopher, nunca chorava na frente do pai. Ele podia chorar cântaros quando estava perto de mim, mas quando o pai se aproximava Christopher se recompunha imediatamente. Isso me preocupava, por isso consultei uma amiga e conselheira sobre o que estava acontecendo. Ela disse: "Provavelmente, ele faz isso porque nunca viu o pai chorar". Eu e Michael pensamos sobre a situação e nos demos conta de que ela tinha razão. Enquanto meu marido fica muito mais à vontade para chorar na minha frente do que a maioria dos homens, ele nunca chorou na frente de nosso filho. Eu, por minha vez, sou uma chorona inveterada, e sempre chorei sem a menor cerimônia na frente de praticamente todo mundo.

Tomamos providências para mudar aquela situação e ficamos bastante impressionados com a mudança de Christopher, que tinha uma espécie de "síndrome de colégio militar", mas passou a se sentir totalmente à vontade para chorar diante do pai. Isso diz muita coisa sobre como viver uma vida plena em termos emocionais, não acha? Devemos permitir que essas emoções se manifestem, em vez de tentar negá-las ou reprimi-las. Embora costume ser uma resposta a alguma coisa negativa, chorar também é uma reação positiva e saudável que devemos nos permitir com frequência.

O QUE TRANSBORDA DO CORAÇÃO

A Bíblia diz que quando estivermos face a face diante de Deus, teremos de dar conta de cada palavra descuidada que tivermos proferido. Que pensamento apavorante! Mas acredito que também temos de *pagar* pelas palavras impensadas que dizemos aqui e agora. Na língua está o poder da vida e da morte. O que uma pessoa diz pode tanto proporcionar vida a ela e à situação quanto produzir morte.

"As palavras agradáveis são como um favo de mel, são doces para a alma e trazem cura para os ossos" (Pv 16:24). "A boca do justo é fonte de vida..." (Pv 10:11). "... o falar enganoso esmaga o espírito" (Pv 15:4). Para viver verdadeiramente em paz, você precisa tomar cuidado com o que sai de sua boca. A única maneira de controlá-la é ir à fonte de toda forma de expressão, ou seja, o coração. "Pois a boca fala do que está cheio o coração. O homem bom do seu bom tesouro tira coisas boas, e o homem mau do seu mau tesouro tira coisas más" (Mt 12:34-35).

Já aconteceu de você dizer coisas a seus filhos, a seu cônjuge, a uma amiga ou a uma pessoa estranha e se arrepender depois? Eu também. Você pode até dizer que não tinha a intenção e que sente muito, mas o fato é que as palavras já foram proferidas. Deus criou o mundo por meio da Palavra. Por sermos feitos à sua imagem, ele também concede a nós o poder criativo de trazer nosso mundo à existência por meio da palavra. Para construir um mundo de desarmonia, contenda, desconfiança e ódio, basta apenas proferir umas poucas palavras mortais em determinada situação.

O segredo da saúde total

Quando você diz a seu filho: "Seu burro, você nunca será nada na vida", o que está fazendo: produzindo vida nele, em você e em seu relacionamento por meio da palavra ou usando um discurso mortal? Repito: temos de fazer uma escolha entre a vida e a morte. Toda vez que dizemos palavras sem pensar e nos arrependemos depois, isso é um sinal de que o que transborda do nosso coração é negativo. Quando isso acontecer, analise o que está se passando em seu interior. Será que está guardando uma raiva, um rancor ou um ressentimento qualquer? Se isso estiver acontecendo, esse problema deve ser apresentado ao Senhor em oração imediatamente. Em seguida, se você achar necessário, converse com uma amiga sobre isso.

Guardar raiva é uma atitude mortífera. Em lugar nenhum da Bíblia se diz que nunca devemos nos zangar, mas a recomendação é esta: "'Quando vocês ficarem irados, não pequem'. Apazigúem a sua ira antes que o sol se ponha, e não dêem lugar ao Diabo" (Ef 4:26-27). Isso quer dizer que, quando ficamos zangados, devemos resolver esse problema na mesma hora. Confronte a questão, apresente-a diante de Deus e leve o assunto à pessoa de quem você ficou com raiva. Se as suas emoções continuarem negativas, elas se manifestarão em seu corpo. Procure sempre controlar seus sentimentos de maneira que eles não sejam traduzidos em palavras a partir daquilo que transborda de seu coração.

A incapacidade de perdoar é uma das emoções negativas mais devastadoras que existem. Ela mata aos poucos e de modo doloroso; cresce como se fosse um câncer. Na verdade, a incapacidade de perdoar pode estar mais relacionada às doenças graves do que conseguimos perceber. Imagine que alguém fizesse alguma coisa terrível a você. Será que sua reação seria pensar: "Nunca vou perdoar essa pessoa por isso"? Com essa atitude, você ficará doente com certeza, não importa se a sua incapacidade de perdoar tem ou não uma justificativa.

É prerrogativa de Deus julgar e dar a sentença, pois ele é o único que conhece a história por completo. Jamais dispomos de fatos

Primeiro passo: Viver em paz

suficientes para julgar os outros, por mais que achemos que os conhecemos bem. Lembre-se de que perdoar alguém não conserta a outra pessoa, mas *liberta você*. Não encurte nem comprometa a qualidade de sua vida, pois é isso o que acontece quando você se rende à incapacidade de perdoar. Lide com esse problema todos os dias. Pergunte a si mesma: "O que prefiro para mim: perdão e paz ou incapacidade de perdoar e um câncer?". Isso ajudará você a tomar uma decisão.

Prejuízo emocional

Algumas pessoas possuem hábitos de raciocínio formados durante uma infância turbulenta ou traumática. Ao crescerem, elas descobrem que são incapazes de amar a si mesmas e que não sabem como amar os outros. As emoções foram muito prejudicadas, por isso elas vivem um sentimento de inferioridade profundamente arraigado.

Todo mundo possui algum sentimento de inferioridade, mas há aqueles que vivem *travados* por causa disso. Deus nunca quis que ficássemos marcados dessa maneira. Ele nos criou para sermos íntegros em todos os aspectos, e estou aqui para dizer que isso ainda é possível para você. Não vou usar este livro para entrar em grandes detalhes a respeito de minha vitória pessoal sobre esse problema, mas permita-me dizer apenas que Deus curou meu ser antes tão devastado e machucado, e também vai curar você, pois ele não faz acepção de pessoas. Ele atende todas as pessoas que o buscam.

No entanto, não fiz isso por conta própria nem aconteceu da noite para o dia. Eu congregava em uma grande igreja, com um pastor maravilhoso e conselheiros excelentes. Eles ficaram ao meu lado até eu conquistar a libertação. Se você está gravemente ferida por dentro, precisa da ajuda de *bons conselheiros cristãos, pastores e psicólogos*. Digo para você, com convicção, que o mundo não tem as respostas.

Agradeço a Deus pelos psicólogos e psiquiatras do mundo que nos ajudam a entender e combater nossos problemas. No entanto, há apenas um libertador, e o nome dele é Jesus. É por isso que se faz tão crucial buscar a ajuda de conselheiros que conhecem *o* Conselheiro. Não desista antes de se ver livre do estresse provocado pelas emoções que a impedem de viver plenamente.

SEJA QUEM VOCÊ FOI CRIADA PARA SER

Um dia desses, passei por um homem idoso na rua. Ele estava imundo, vestido com trapos; era corcunda, repulsivo e tinha um ar abatido. O homem estava empurrando um carrinho de compras de supermercado cheio de trapos sujos e fedorentos, e eu sabia que aqueles eram seus únicos pertences nesta terra. Era um desses moradores de rua que não têm um lar mas vivem por aí, carregando com eles tudo quanto possuem. Aquele homem me pediu uma moeda. Eu disse:

— Senhor, não tenho uma moeda, mas tenho uma nota de vinte e gostaria de lhe dar.

As mãos daquele idoso, gastas pelo tempo, tremiam ao pegar a nota de vinte que ele beijou. Com lágrimas nos olhos, ele sorriu e falou, antes de se afastar:

— Ah, obrigado, senhorita, obrigado!

Eu gostaria de dizer a você que levei aquele senhor para minha casa, que lhe ofereci um banho quente, roupas limpas, um bom emprego e o apresentei a Jesus; mas não foi bem isso o que aconteceu. No entanto, eu o levei para casa comigo em meu coração e, ao orar por ele, comecei a sentir a dor profunda que sentira tantas vezes antes, quando via pessoas que não tinham a menor ideia de quem Deus gostaria que elas fossem.

A tristeza que senti deve ser uma fração mínima do que o Pai sente quando vê um filho ou uma filha cuja vida se tornou uma reminiscência confusa, distorcida e pervertida do que essa pessoa foi originariamente criada para ser. Deus não criara aquele velhinho para ser um mendigo. Deus concedeu a ele — e a todos nós — dons específicos, importantes e maravilhosos, mas aquele velho morador de rua nunca descobriu sua identidade no Senhor. E pensei em como isso também vale para muitos de nós. É até possível que a pessoa conheça Deus, mas jamais dedicou o tempo e o esforço necessário para descobrir quem foi criada para ser. Caminhamos por aí com os equivalentes emocionais e espirituais dos trapos sujos, implorando por tostões quando Deus deseja nos dar seu reino. Quantos de nós já permitimos que a mente do mundo, e não a mente de Cristo, influenciasse alguma escolha em nossa vida?

Você sabia que uma das maiores fontes de estresse constante é trabalhar em um emprego do qual não gostamos? Não estou falando de um emprego temporário para ajudar a pessoa a evoluir profissionalmente; eu me refiro a uma ocupação para toda a vida. Existe uma forma debilitante de estresse contínuo no mundo hoje em dia, e isso acontece porque as pessoas estão sendo moldadas de acordo com outra imagem além da divina.

E quanto a você? Gosta muito do que faz? Prefere estar fazendo isso mais que qualquer outra coisa no mundo? Não me leve a mal. Tenho a noção de que mesmo o melhor emprego do mundo tem seus momentos de frustração, chatice e trabalho sujo. Mas você se sente feliz, entusiasmada e ansiosa para fazer o que faz na maior parte do tempo? Caso a resposta seja "não", é melhor checar com Deus agora mesmo para ver se você está onde ele deseja que esteja e fazendo aquilo que foi criada para fazer melhor.

Você é analista de sistemas, quando devia estar trabalhando em uma fazenda? Ou médica, quando deveria ser musicista? Ou bancária, quando deveria estar dedicando seu tempo a um jardim de infância? Ou vendedora de seguros, quando deveria ser pastora? Ou contadora, quando deveria ser veterinária? É importante para a sua saúde fazer o trabalho que adora fazer. Assim, dará sempre o melhor de si e se sentirá livre da frustração e do estresse provocados pela incapacidade de ser o que foi criada para ser.

Se você foi chamada para a maternidade, gosta de ser mãe? Se o fato de ser uma mãe representa aborrecimento, sacrifício e sensação de perda de tempo, então deve pensar se está negando alguma coisa a si mesma. Sente que Deus lhe concedeu o dom da pintura, da decoração, da jardinagem, da literatura ou algum outro talento que não esteja usando? Se isso acontece, vou lhe fazer uma pergunta: por quê? Você está tentando ser a própria Supermãe, em vez de ser uma mãe excelente?

Se Deus lhe deu o dom (ou o desejo) da pintura, matricule-se em um curso de artes e arranje um lugar onde possa pintar enquanto o bebê tira uma soneca. Isso não significa que você está negando sua maternidade, mas que, ao lado de todas as maravilhosas responsabilidades divinas de sua vida, também não está negando sua personalidade. Lembre-se: *não é* pecado nenhum ter aulas de arte, mas *é* pecado odiar a sua vida. Você descobrirá que seu maior ministério consiste em fazer aquilo de que mais gosta e abençoará outras pessoas com todas essas coisas que abençoam você.

Gary, nosso contador, é muito bem-sucedido no que faz porque adora seu trabalho. Ele fica tão entusiasmado quando está lidando com números quanto eu fico ao escrever a letra de uma canção.

Temos uma empregada chamada Thelma. Ela adora cuidar das tarefas da casa e mantê-la limpa e bonita. Há dois anos, saiu para trabalhar como vendedora e ganhar muito bem. No fim, teve úlcera e insônia, por isso voltou para trabalhar conosco por ser um lugar mais calmo, tranquilo, sem pressão. Pela alta qualidade do trabalho que ela executa e pela atitude positiva que demonstra, dá para ver que ela está feliz fazendo o que faz.

Há um homem muito especial que trabalha para nós com frequência. Acredito que não exista nada que Dennis seja incapaz de construir ou consertar. O trabalho dele é de altíssimo nível, e ele está sempre feliz.

Nosso mecânico, Peter, tem diploma de engenheiro e certa vez aceitou um emprego que pagava muito bem em uma grande empresa. Depois de alguns anos, decidiu que gostava mais de ser mecânico, por isso voltou a trabalhar com carros. Seu trabalho é tão superior que ele agora pode montar o próprio negócio.

Essas pessoas não surgiram em nossa vida por acidente. Nós as escolhemos porque a atitude que demonstram é maravilhosa e o trabalho que executam é da melhor qualidade. E isso acontece porque estão fazendo aquilo para o que foram criadas.

Você jamais terá saúde perfeita ou paz perfeita — nem coisa alguma perfeita — na vida se estiver trabalhando contra aquilo para o que foi criada. Não estou falando sobre as vezes em que o Senhor a coloca em um lugar por algum tempo para aprender alguma coisa. Estou me referindo aos momentos em que você escolhe um emprego ou um estilo de vida não porque Deus a tenha orientado a fazer isso ou colocado um desejo em seu coração, mas em função de fatores externos, como dinheiro, charme, posição social ou para agradar a seus pais ou seus amigos. Esses estímulos mundanos nunca podem substituir a descoberta do chamado maior e divino.

Como você descobre se os desejos de seu coração vêm de Deus? Basta apresentá-los diante do Senhor e demonstrar a disposição de desistir de todos, se essa for a orientação divina para sua vida. Quando eu me entreguei a Deus, trabalhava como atriz e escritora. Depois de mais ou menos um ano, apresentei as duas carreiras diante do Senhor e disse: "Pai, eu quero ser aquilo que o senhor deseja de mim". Ele tirou a carreira de atriz de minha vida e permitiu que eu continuasse escrevendo. Como atriz, as portas se fecharam para mim, mas as de escritora se abriram. Alguns anos depois, percebi como a carreira de atriz era ruim para mim. Eu a havia perseguido por causa do charme, da atenção e da falsa sensação de ser amada que a profissão me proporcionava. Eu escrevia porque adorava fazer aquilo.

Por gostar tanto de escrever, não nego que isso faça parte de minha vida. Encontro tempo para isso. Sabe onde e quando escrevi este livro? No consultório do dentista, no cabeleireiro, durante as sonecas do bebê, no avião, antes de todo mundo acordar, depois de todo mundo ir para a cama, no parque enquanto as crianças brincavam, em meu carro enquanto esperava para pegar meu filho na escola, na biblioteca quando tinha um tempinho disponível. Quando uma pessoa adora fazer alguma coisa, encontra tempo para isso.

Eu adoraria viajar por uns dois meses e ficar escrevendo durante esse tempo todo, mas não é possível para mim, nem acho que será nos próximos vinte anos. Por isso, trabalho dentro da estrutura de minha vida conforme o Senhor a organizou para mim. Faço um esforço a mais para não negligenciar meu marido, meus filhos, minha saúde ou meu tempo a sós com Deus. Com o dinheiro que ganhei como escritora, hoje posso manter uma empregada, mas na maior parte da minha vida eu não podia.

Quando tive meu primeiro filho e tinha de completar algum projeto literário, organizava um mutirão de babás com outras duas mulheres. Eu pegava os filhos delas nas manhãs de segunda-feira, e elas ficavam com os meus nas quartas e sextas-feiras. O projeto inteiro foi escrito entre as nove da manhã e o meio-dia, duas vezes por semana. O Senhor sabia que eu tinha pouco tempo, e me abençoou com o que eu tinha disponível.

Se eu posso fazer isso, você também pode. Pergunte a si mesma: "Será que eu gosto do que estou fazendo? Será que eu continuaria sendo feliz fazendo isso, mesmo que não me pagassem? O que eu preferiria estar fazendo? Será que estou trabalhando de uma maneira que venha a me causar estresse? Sinto-me infeliz por fazer o que faço? Fico o tempo todo esperando com ansiedade por uma oportunidade para abandonar aquele emprego? Será que é uma coisa que Deus realmente me chamou para fazer?".

Não deveríamos nunca viver sob o estresse de nos sentirmos inúteis, chateadas e cronicamente deslocadas. Analise o seu emprego. Veja se ele provoca estresse ou sensação de realização pessoal. O melhor trabalho que você pode realizar na vida é aquele do qual mais gosta. Seja quem Deus criou você para ser e encontrará o que ele criou para você fazer.

SIMPLIFIQUE, SIMPLIFIQUE, SIMPLIFIQUE

Acha que sua vida é uma correria total? Nunca encontra tempo suficiente para fazer bem alguma coisa e se sentir feliz por isso? Está sempre com pressa? Seus filhos estão aprendendo piano, natação, balé, violão, futebol, basquete, vôlei e ioiô quando talvez devessem não ter tantas atividades e se concentrar, de fato, em uma ou duas de tal maneira que conseguissem se divertir mais? Você está tentando ser uma supermulher? Poderia ser mais seletiva sobre as coisas que faz, em vez de se dedicar a quarenta atividades ao mesmo tempo?

A calma e a força se perdem em meio a muitas atividades e correria. "... na quietude e na confiança está o seu vigor..." (Is 30:15). Quando uma pessoa vive em constante pressa, ela perde uma maravilhosa qualidade de vida. Da mesma maneira, a comunhão mais profunda com o Senhor fica comprometida. Se a sua agenda não prevê espaço para um amigo em necessidade, para as coisas inesperadas, para períodos de solidão e oração, para momentos de dedicação a seus filhos, para manter o limite de velocidade e para ficar a sós com seu marido, então você precisa reexaminar suas prioridades. Pode ser que você passe por épocas mais agitadas, mas elas não se transformarão em um estilo de vida. O preço é alto demais.

Se você vive na cidade, viajar de férias é fundamental para a sua saúde. Certifique-se de que terá a oportunidade de mudar de cenário e fazer alguma coisa completamente oposta ao ritmo normal de sua vida — por exemplo, uma temporada nas montanhas, na praia ou em

56   O segredo da saúde total

uma fazenda. Qualquer coisa que aproxime você do mundo que Deus criou e a afaste do mundo que o ser humano criou proporciona paz. É importante voltar a viver de maneira mais simples para adquirir uma perspectiva mais apropriada.

"O que receio, e quero evitar, é que assim como a serpente enganou Eva com astúcia, a mente de vocês seja corrompida e se desvie da sua sincera e pura devoção a Cristo" (2Co 11:3). Nessa declaração, Paulo expressou aos coríntios sua preocupação com a possibilidade de o inimigo enganador de nossa paz roubar a beleza de uma vida simples que o Senhor deseja para nós.

Amada em Jesus, essa também é a minha oração por você: permita que a palavra SIMPLICIDADE esteja sempre em sua mente quando fizer suas escolhas diárias. Permita que a simplicidade oriente suas decisões e seus planos. Não permita que a sua vida se torne complicada demais. Se você percebe que está às voltas com muitas responsabilidades, muitas posses, muitos orçamentos, muitas obrigações, muitos compromissos, muitos pagamentos, muitas roupas, muitos empregos e muitos telefonemas, livre-se de alguns deles. Antes de comprar alguma coisa, pergunte a si mesma: "Isso vai tornar a minha vida mais simples ou mais complicada?". Livre-se das coisas das quais não precisa para que possa cuidar melhor daquelas que ama. A simplicidade proporciona paz.

QUAL SERÁ SUA ESCOLHA?

"Pois, 'quem quiser amar a vida e ver dias felizes [...] busque a paz com perseverança'" (1Pe 3:10-11). Podemos escolher entre ser felizes ou tristes. Isso não é impressionante? E o tempo todo achávamos que éramos as vítimas...

Pelo fato de a mente influenciar o corpo, devemos sempre fazer o maior esforço possível para controlá-la. Medo, preocupação, depressão, ansiedade, mágoa e autocomiseração provocam um estresse que interfere em todos os processos do corpo. Ele esgota o seu estoque de energia e envenena sua vida. Se a sua mente e as suas emoções sofrem, seu corpo também sofre, e nem mesmo todos os exercícios e todas as dietas do mundo serão capazes de aliviar esse sofrimento. Quando uma pessoa está sob estresse, vomita tudo o que ingere; não consegue se alimentar apropriadamente nem eliminar da maneira adequada o que precisa. Tudo isso provoca esgotamento nervoso (o que impede o sono) e aquela vontade de não sair da cama até a volta de Jesus.

De modo geral ninguém pode evitar o estresse, mas você pode fazer várias coisas para minimizá-lo e abrandar as reações a ele. Às vezes estamos tão ocupados que deixamos de perceber ou entender os sinais do estresse. Mas se você obedecer fielmente a todos os Sete Passos para a Saúde Total, será capaz de lidar com o estresse inevitável sem se deixar abater. Conscientize-se de que, quando você está sob estresse, seu corpo necessita de mais cuidados do que de costume. Para aliviar o estresse é preciso manter um relacionamento correto com Deus, ingerir os alimentos como Deus os fez, adotar exercícios físicos, beber muita água pura, jejuar, pegar ar fresco e sol e descansar — em outras palavras, seguir os Sete Passos para a Saúde Total.

Sempre haverá muitas coisas a fazer, uma casa necessitando de limpeza e pessoas que precisam de você (os filhos nunca se cansam dos pais). Certifique-se de que tenha algo a lhes oferecer, separando-se para falar com o Pai, verdadeira fonte de toda paz. Seja plena do Senhor. "O SENHOR dá a seu povo a bênção da paz" (Sl 29:11). Sempre temos duas opções em tudo quanto fazemos; podemos escolher a vida ou a morte. Qual é a sua opção?

Palavras verdadeiras

"Há futuro para o homem de paz."

SALMOS 37:37

"O coração em paz dá vida ao corpo."

PROVÉRBIOS 14:30

"A mentalidade da carne é morte, mas a mentalidade
do Espírito é vida e paz."

ROMANOS 8:6

"É a insensatez do homem que arruína a sua vida,
mas o seu coração se ira contra o SENHOR."

PROVÉRBIOS 19:3

"O fruto da justiça será paz; o resultado da justiça
será tranquilidade e confiança para sempre."

ISAÍAS 32:17

"Os que amam a tua lei desfrutam paz,
e nada há que os faça tropeçar."

SALMOS 119:165

"Não andem ansiosos por coisa alguma, mas em tudo, pela oração
e súplicas, e com ação de graças, apresentem seus pedidos a Deus.
E a paz de Deus, que excede todo o entendimento, guardará
o coração e a mente de vocês em Cristo Jesus."

FILIPENSES 4:6-7

segundo passo

Alimentação pura

Inúmeros livros e artigos já foram publicados sobre a questão da nutrição. Nada mais evoca tanto interesse, debate e controvérsia. É raro ver duas autoridades no assunto concordarem sobre alguma coisa. Uma diz: "Alta proteína"; outra fala em "alto carboidrato"; ainda outra sugere "vegetarianismo". Cada um diz uma coisa: "Nada de ovos"; "Sim, ovo pode"; "Nada de leite"; "Leite, mas não industrializado"; "Mel é bom"; "Mel é ruim"; "O açúcar proporciona energia"; "O açúcar vai matar você"; "Nada de sal"; "Sem sal você morre"; "Sim, vitaminas"; "Não precisamos de vitaminas"; "Sim, carne"; "Nada de carne!" Quando conseguimos contar nossas calorias, multiplicar as proteínas, dividir pelas gorduras, pesar as porções, reduzir os gramas e calcular o valor de cada mordida, nós já estamos tão cansadas disso que uma barrinha de chocolate e um refrigerante parecem uma solução bem melhor.

Ainda assim, ansiamos por saber a verdade para que não sejamos tentadas a passear pelo mercado comprando todo tipo de modismo em termos de alimentação que aparece diante de nós. Comer, que deveria ser uma coisa tão simples, ficou complicado demais. Deus não estabeleceu essas regras confusas, complexas, pouco equilibradas e difíceis de entender. Nem poderia ter sido ele, pois os caminhos de Deus são organizados, simples, equilibrados e bem claros. Qualquer coisa além disso não vem do Senhor. Os caminhos de Deus também

60   O segredo da saúde total

são puros e naturais. O que passa disso só pode ter sido processado pelo ser humano.

No início, as escolhas eram bem simples. As pessoas comiam o que havia disponível em cada estação do ano. Mas agora podemos escolher qualquer tipo de comida a qualquer momento que desejarmos. E se você tiver dinheiro para isso, pode receber um prato de qualquer parte do mundo em casa, por avião, sem precisar sequer sair da poltrona em frente à televisão. Temos acesso fácil a uma grande quantidade de comida. Basta ver um comercial para corrermos até a lanchonete tipo *fast-food* mais próxima e, em questão de segundos, forrarmos o estômago com um tipo de alimento que, antes de tudo, nem mesmo deveríamos ingerir. Muita gente come bem em termos de quantidade, mas nem por isso é bem nutrida. Elas são subnutridas porque não sabem escolher.

Aprendi um jeito de comer que é bem simples, balanceado e fácil de entender. Em termos de saúde, sempre funcionou. Trata-se de "um estilo de vida para a alimentação", não uma dieta. É a melhor maneira de comer se você precisa perder peso, ganhar peso, manter o corpo como está ou melhorar alguma coisa. Satisfaz por completo; não é preciso mais viver em função da fome. Pode ser sintetizado da seguinte maneira: COMA ALIMENTOS PUROS, DO JEITO QUE DEUS OS CRIOU, ou o mais perto possível disso.

PROCESSADA OU PURA

Certos alimentos destroem a saúde. Eles enchem o corpo com venenos tóxicos e, em algum momento mais adiante, você terá de pagar o preço por isso. Nossa comida é tão processada e perde tantas vitaminas vitais, sais minerais e enzimas digestivas que pode ser considerada uma perversão daquilo que Deus planejou. O ser humano começou a fazer coisas com esses maravilhosos alimentos naturais que o Senhor nos concedeu de maneira que eles se tornassem "mais

Segundo passo: Alimentação pura

atraentes", pudessem ser "preparados instantaneamente" e fossem "conservados indefinidamente" na prateleira dos supermercados. Ele fatiou e tirou a vida dos alimentos e adicionou conservantes químicos, sabores e cores artificiais e vitaminas sintéticas. O homem os transformou em comidas sem vida e, às vezes, até perigosas. Vivemos doentes e acima do peso porque comemos mais alimentos processados do que naturais.

Só Deus pode gerar vida e somente alimentos puros, do jeito que o Senhor os criou, geram saúde. Comidas que não são naturais sempre interferem no funcionamento do corpo, de um jeito ou de outro. Alimentos naturais, do jeito que Deus os criou ou tão perto disso quanto possível, geram saúde, força, resistência e vida. Alimentos processados geram doença e morte.

Deus criou os melhores alimentos para sustentar a vida do ser humano. Ele nos deu frutas, legumes, grãos, nozes e sementes que possuem o equilíbrio perfeito em termos de vitaminas, sais minerais e enzimas digestivas. "Disse Deus: 'Eis que lhes dou todas as plantas que nascem em toda a terra e produzem sementes, e todas as árvores que dão frutos com sementes. Elas servirão de alimento para vocês'" (Gn 1:29). Mais tarde, depois do Dilúvio, o Senhor declarou a Noé: "Tudo o que vive e se move servirá de alimento para vocês" (Gn 9:3).

Deus não deixou nada de fora quando criou os alimentos com perfeição, e não há como torná-los ainda melhores. Algumas empresas garantem que seus alimentos processados podem contribuir para a saúde do corpo de oito, dez e até uma dúzia de maneiras diferentes. Até que ponto isso pode ser bom, se o alimento natural, do jeito que Deus o criou, é capaz de contribuir para a saúde do corpo de cinquenta ou mais maneiras diferentes?

Já vi pessoas doentes e debilitadas ficarem fortes e saudáveis depois de se livrarem da rotina estressante, entrarem em comunhão com Deus e com sua criação e aprenderem a comer alimentos do modo

O segredo da saúde total

que o Senhor os criou. Testemunhei isso pela primeira vez quando meu pai teve um enfarte agudo por volta dos sessenta anos de idade. Antes disso, não se percebia nenhum sinal de doença, a não ser o fato de ele estar quase vinte quilos acima do peso ideal.

Depois do enfarte, o médico o submeteu a uma dieta de legumes muito rigorosa. Meu pai só podia comer legumes frescos ou no vapor em *todas* as refeições por um tempo que lhe parecia uma eternidade, mas que não passou de quatro meses. Ele parecia muito mal enquanto esteve no hospital, mas conforme as semanas se passaram e foi se recuperando, mantendo a dieta com rigor, meu pai se tornou uma nova pessoa. Perdeu todo o peso extra, seus olhos azuis ficaram mais claros e brilhantes, a pele ficou mais lisa, suave e com uma cor mais saudável.

Meu pai se recuperou por completo, e acaba de celebrar oitenta anos em plena forma. Agradeço a Deus pelos médicos que se conscientizam dos caminhos de Deus. O caso de meu pai foi muito grave e exigiu medidas extremas. Não precisamos correr o mesmo risco, mas isso prova que os alimentos naturais restauram a saúde.

Quanto mais a pessoa fica sabendo sobre a maneira como Deus criou os alimentos e o que ele desejava que o ser humano comesse, mais fácil é para ela fazer a escolha pela vida, e não pela morte, em termos de dieta. Lembre-se: os caminhos de Deus são bons, puros, naturais, equilibrados e não podem ser mais perfeitos do que são. O mesmo vale para os alimentos que ele criou. Quanto maior a quantidade de processos pelos quais passam antes de ser ingeridos, menos têm para oferecer.

Quando alguém se alimenta com comidas refinadas, processadas e sem vida, o corpo dessa pessoa não é devidamente nutrido e ela não se sente satisfeita, por isso tem de comer além da conta. "... purifiquemo-nos de tudo o que contamina o corpo e o espírito, aperfeiçoando a santidade no temor de Deus" (2Co 7:1). Evitar todas essas coisas que corrompem seu corpo é um propósito muito mais elevado do que satisfazer seus apetites físicos. "'Tudo é permitido', mas nem tudo convém" (1Co 10:23).

VIDA E MORTE ESTÃO NO SANGUE

Temos sessenta trilhões de células no corpo. (Não sei quem foi que parou para contar.) Cada uma delas vive por um tempo limitado antes de se reproduzir e morrer. A cada três meses, trocamos o sistema circulatório; a cada onze, todas as células do corpo são renovadas; e a cada dois anos, nossa estrutura óssea se refaz. Você sabia que, se comer de maneira adequada durante aproximadamente dois anos, pode ter um corpo novo em folha? Não estou querendo dizer que de uma hora para a outra você vai parecer uma pessoa diferente, mas que se tornará completamente nova. Não é estimulante?

A ideia por trás da boa saúde é manter seu sangue limpo por meio da ingestão de alimentos apropriados *mais* exercícios, muita água, jejum e oração, ar fresco e luz do sol e uma vida calma, livre do estresse. *Comer os alimentos como Deus os criou influencia seu sangue à medida que retira as impurezas e o provê de todos os nutrientes nec essários para reconstituir as células.* A alimentação baseada nessa lógica divina manterá seu sangue limpo e saudável, protegendo automaticamente o corpo de uma infecção. A impureza do sistema circulatório é a principal causa de doenças e do envelhecimento precoce. Quando o sistema circulatório está puro e alcalino, ele dissolve todos os venenos e os leva embora do corpo. Nenhuma doença resiste a um sangue limpo, mas se desenvolve à vontade quando o sangue está impuro.

Manter o sistema circulatório livre e o corpo saudável requer disciplina pessoal. *Você* precisa tomar cuidado com o que entra em seu estômago. De que maneira está alimentando seus sessenta milhões de células? Elas estão recebendo uma alimentação pobre em vitaminas, sais minerais ou enzimas digestivas? Estão sendo alimentadas com uma comida tão sem vida que seu corpo tem de gastar uma energia

O segredo da saúde total

preciosa só para tentar se livrar dos desperdícios venenosos e consertar o estrago que a alimentação de baixa qualidade causou?

O corpo humano pode ser obrigado a suportar anos de castigo antes de se rebelar contra esse tipo de hábito alimentar à base de comida
de baixa qualidade e os venenos tóxicos que elas produzem. Quando o
corpo não pode desfazer o estrago na velocidade ideal, o sistema
circulatório é bloqueado e fica impuro. Em seguida, o sistema inteiro
começa a falhar e se transforma em terreno fértil para doenças, o
que causa envelhecimento precoce. Isso não precisa acontecer. Fomos
criados para viver bem até a morte, e não para vivermos como se já es-
tivéssemos mortos. Você pode desfrutar boa saúde como um estilo de
vida, mas isso só será possível quando viver e se alimentar da maneira
que Deus planejou para o ser humano.

Quando a comida é ruim, o corpo sofre

Já li muitos artigos e reportagens sobre como a boa nutrição é capaz
de salvar casamentos, reduzir o crime, esvaziar os hospitais psiquiátri-
cos e, de maneira geral, nos transformar em pessoas ainda melhores.
Ao mesmo tempo que não acredito ser a dieta a única solução para
todos esses problemas, tenho certeza de que uma nutrição deficiente
os torna mais graves. Um casamento enfrenta muito sofrimento se os
cônjuges se sentem cronicamente fatigados e cheios de dores, doenças
constantes e depressão, em vez de viverem saudáveis, fortes e com a
mente limpa.

Há certas desordens mentais que podem ser aliviadas de modo
definitivo por meio de uma dieta pura. Quem sabe quantos crimes
ou abusos deixariam de ser cometidos se o criminoso se sentisse mais
forte, mais racional e com a mente mais limpa, em vez de se sentir
fraco e oprimido pela vida e pelas circunstâncias? Ouvi dizer que, na
opinião dos especialistas, as pessoas circulam por aí carregando de
150 a 500 gramas de venenos tóxicos e lixo dentro delas. Chocante,

Segundo passo: Alimentação pura

não acha? Mas se todos esses venenos não saírem, nosso corpo pára de funcionar sob o estresse, ficamos doentes e os relacionamentos pessoais são afetados.

O lixo tóxico toma conta de seu corpo quando você come muitos alimentos impuros, processados e sem valor nutricional, sem dar a ele uma chance de descansar e se livrar de toda essa sujeira. O corpo naturalmente tentará se purificar e limpar por conta própria. Se você puder ajudá-lo, comendo os alimentos da maneira que Deus os criou, fazendo exercícios, descansando adequadamente, tomando ar fresco e sol, bebendo muita água, fazendo jejuns com regularidade e mantendo uma atitude positiva, seu sistema circulatório ficará mais limpo e seu corpo mais saudável.

A doença não chega de uma hora para a outra. Ela leva um longo tempo se preparando. Em *Back to Eden*, Jethro Kloss defende um conceito muito interessante:

> Quando os sais minerais e as vitaminas, que podem manter a simetria do corpo, são removidos da alimentação, a pessoa cresce de modo totalmente desigual e desproporcional, e isso nos torna alvos de todos os tipos de doença.

Para acabar com todo o mistério que envolve as doenças, pense nelas como outra maneira de estar "fora de equilíbrio". Toda vez que sentir que está ficando doente, tente imaginar onde foi que você errou em termos de equilíbrio. Analise cada um dos sete passos para ver se negligenciou algum deles. Se o equilíbrio de seu corpo estiver totalmente comprometido, é preciso procurar a ajuda de um nutricionista ou, se estiver doente, de um médico. Você nunca deve deixar de procurar um médico se precisar de fato, mas correr para o consultório por causa de qualquer fungada é desnecessário, considerando que Deus nos deu uma maneira de reequilibrar nosso organismo.

Se você tem sofrido por causa de doenças esquisitas e o médico não consegue achar nada de errado em seu corpo, embora você saiba que está se sentindo "desanimada" a maior parte do tempo, é provável que seu problema seja um acúmulo de venenos e lixos tóxicos no organismo. Onde quer que exista algum tipo de fraqueza em seu corpo, os venenos se estabelecerão ali porque tecidos fracos são incapazes de eliminar as impurezas apropriadamente.

Uma área vulnerável tende a ser alvo recorrente de doenças: a mesma sinusite, a mesma infecção de garganta ou de ouvido, o mesmo problema de estômago, o mesmo ombro dolorido ou simplesmente um "mal-estar" que não acaba nunca. Essa é uma das indicações de que as toxinas estão ganhando mais terreno. Comer os alimentos do jeito que Deus os criou é o ponto de partida para se livrar delas.

Frutas e legumes são alimentos que *eliminam impurezas, limpam o organismo* e são *constituintes alcalinos. Amido e proteínas* são *formadores corporais* e *constituintes ácidos.* Você sempre deve ter um corpo mais alcalino. Quando fica ácido demais, abre espaço para a doença. Sempre deve haver um equilíbrio adequado, mas todos nós temos a tendência de não comer as frutas e os legumes que contribuem para constituição da alcalinidade e para a eliminação de impurezas. Os venenos são expulsos do corpo quando a pessoa come frutas e legumes crus ou apropriadamente cozidos. Se você tem sentido fraqueza, veja se está ingerindo a quantidade suficiente desses purificadores do corpo que são as frutas e os legumes.

Eu costumava sofrer muito com resfriados e gripes sazonais. Mas quando como alimentos puros, do modo como Deus os criou, não pego nada disso. O mesmo acontece com o restante da minha família. Por conta do risco de não manter a firmeza e pelo fato de haver uma certa dose de impurezas em quase tudo o que existe por aí, separamos três períodos especiais do ano para fazer uma semana de limpeza do organismo. Em nossa família, a dieta de desintoxicação começa com

Segundo passo: Alimentação pura

um jejum de três dias (as crianças não participam). Em seguida, comemos apenas frutas e legumes, mas em grande variedade por alguns dias. Isso limpa o organismo e então nós nos sentimos muito bem. Descobrimos que as melhores épocas para isso são:

1. Janeiro, depois das festas de Natal e Ano-Novo, quando precisamos nos redimir por nossa indulgência com as tentações maravilhosas da estação.

2. O fim da primavera para que você possa se preparar para a entrada do verão. Você se surpreenderá ao ver como seu corpo resistirá melhor às gripes e alergias próprias da primavera.

3. Final de março, quando se aproxima outro período de mudança de estação, dessa vez do verão para o outono. A temperatura está prestes a cair e, por essa razão, é considerada a "estação do resfriado". Não se aflija por causa disso. Faça uma dieta de desintoxicação por uma semana e verá como isso pode ajudá-la a evitar essas gripes e resfriados de mudança de estação.

Uma dieta rigorosa de frutas e legumes frescos pode não parecer muito divertida à primeira vista, mas você descobrirá que tem muito mais graça do que cair doente. Na Bíblia, Daniel tinha noção das vantagens desse estilo de alimentação:

> Daniel disse então ao homem que o chefe dos oficiais tinha encarregado de cuidar dele e de Hananias, Misael e Azarias: "Peço-lhe que faça uma experiência com os seus servos durante dez dias: Não nos dê nada além de legumes para comer e água para beber. Depois compare a nossa aparência com a dos jovens que comem a comida do rei, e trate os seus servos de acordo com o que você concluir". Ele concordou e fez a experiência com eles durante dez dias. Passados os dez dias, eles pareciam mais saudáveis e mais fortes do que todos os jovens que comiam a comida da mesa do rei.
>
> Daniel 1:11-15

Se você tem dificuldade para comer frutas, dê preferência aos legumes até que seu corpo se reequilibre por conta própria. Lembre-se: é apenas uma semana de desintoxicação. Você não terá de continuar comendo dessa maneira o tempo todo, mas precisa reequilibrar a ingestão de alimentos formadores e alimentos que limpam o organismo. Quando você faz uma dieta de desintoxicação por uma semana, pode sentir um pouco de dor de cabeça, calafrios e diarreia por algumas horas, ou algo parecido com uma alergia ou um leve resfriado. Não se assuste com isso: trata-se apenas da eliminação dos venenos que estão no organismo. São sintomas que vêm e vão rápido, e quando acaba, você se sente mais forte do que nunca. Beba muita água e chás de ervas puras para ajudar nesse processo de limpeza do organismo.

Você descobrirá que sua atitude mental e sua aparência, como um todo, mudarão a partir do momento que seu corpo estiver livre dos venenos tóxicos. Estou convencida de que muitos problemas de depressão são causados pela presença desses venenos no corpo. Já vi muitos casos nos quais nada mais funcionava para a situação de determinada pessoa, mas ao se alimentar corretamente, a aparência e a atitude melhoraram muito. Com o tempo, você descobrirá que está se sentindo tão bem a ponto de dispensar docinhos e o café com muita facilidade. O fato de comer de modo simples e natural evita muitas doenças e sofrimentos.

ALIMENTOS QUE DEUS CRIOU

Muitos elementos da dieta são necessários para produzir uma boa saúde. Quando falta um elemento qualquer, esse ponto fraco faz que o corpo inteiro pare de funcionar direito. No entanto, você não tem de se debruçar sobre tabelas e uma calculadora a cada refeição para ver se está ingerindo tudo quanto precisa. Você não precisa ingerir todos os elementos necessários a cada vez que se senta para comer; nem precisa disso todo dia. Se prestar atenção à lista de sete tópicos

Segundo passo: Alimentação pura   *69*

a seguir e incluir todos *uma vez por semana*, conseguirá se sair muito bem e a vida será muito mais simples.

1. Frutas e legumes: só coma frescos; não coma enlatados, congelados ou processados de qualquer tipo. Devem ser comidos crus, cozidos no vapor, assados ou ensopados. Os legumes e/ou as frutas devem compor 50% de todas as refeições. Na verdade, melhor ainda é começar cada refeição com alguma coisa crua, como uma fruta no café da manhã ou legumes para o almoço e o jantar. Use uma grande variedade de tudo para que não precise comer a mesma coisa todos os dias.

2. Grãos integrais: eles podem compor 25% de uma refeição ou, no máximo, 25% de duas refeições por dia. Em outras palavras, se você come uma torrada, um biscoito ou um bolo integral no café da manhã e não tem certeza se comerá arroz integral no jantar, não inclua nenhum grão no almoço. E lembre-se que toda vez que for comer qualquer tipo de grão, ele não deve superar a quantidade de 25% da refeição.

3. Carne, ave e peixe: escolha apenas um desses para cada dia, e para servir em qualquer refeição. Não coma carnes vermelhas mais que duas vezes por semana. O mesmo vale para peixes. Você pode comer carne de ave duas ou três vezes na semana. Limite a carne vermelha, de ave ou o peixe a 25% da refeição. Colocando em linguagem bem simples, digamos que no jantar de hoje você componha uma refeição com 50% de salada de legumes e cenoura cozida, 25% de frango grelhado e 25% de arroz selvagem. Se você formar a sua porção com essa proporção em mente, conseguirá manter um equilíbrio saudável entre os alimentos constituintes alcalinos e ácidos. Lembre-se sempre de que a carne vermelha é digerida de maneira muito mais lenta, por isso não é bom comer em grande quantidade nem com muita frequência.

4. Grãos, nozes e sementes: com essas coisas é possível fazer sobremesas, aperitivos e tira-gostos maravilhosos. É possível comprar as nozes e sementes ainda dentro da casca e descascá-las para garantir maior valor nutricional. Outra opção é comprar em pacotes que indicam "cru" na embalagem. Sementes ajudam na regeneração e no rejuvenescimento, e são ricas em proteínas e sais minerais. A maioria das nozes que se encontra no mercado é torrada e salgada; por essa razão, perde boa parte de seu valor nutricional e é mais difícil de digerir. Isso vale, em especial, para o creme de amendoim. Quando é processado, cozido e salgado, se transforma em um alimento difícil de digerir e que propicia a prisão de ventre. Compre o não processado, ou então coma cru quando puder. Há ótimas opções fáceis de achar: amêndoa, noz tradicional, noz-pecã, castanha-do-pará, castanha-de-caju e pistache. Todas as sementes são ótimas sobremesas, totalmente saudáveis e não engordam.

5. *Leite, queijo não processado, iogurte, coalhada, queijo* cottage *e manteiga:* apenas três ou quatro vezes por semana para os adultos — e tente comprar desnatado, tanto quanto possível. O leite e seus derivados devem ser consumidos com moderação. É claro que devem estar na forma mais fresca disponível. Em outras palavras, ao comprar iogurte fervido a uma temperatura tão alta a ponto de matar as boas bactérias, adoçado com açúcar, que recebeu aromatizantes artificiais para você pensar que está comendo morangos e produtos químicos para fazê-los durar para sempre, a pessoa acaba levando para casa um alimento que Deus nunca quis que ela comesse. É fácil produzir iogurte caseiro, caso você não tenha onde comprar.

6. *Ovos:* apenas duas ou três vezes por semana, e tão frescos quanto possível.

7. *Mel:* o mel é o adoçante natural mais nutritivo que você pode usar, mas se puder comprá-lo cru, não processado e não filtrado. Como qualquer outra coisa, se ele for cozido e processado, a vida é tirada dele. Ao longo de toda a Bíblia, o mel é mencionado como um alimento maravilhoso para ser usado com sabedoria e equilíbrio.

Aqueles que falam mal do mel e dizem que é tão ruim quanto o açúcar estão se referindo ao mel processado. Usado uma vez ou outra, o açúcar não vai matar, mas se for utilizado todos os dias, pode ser altamente prejudicial para a saúde. A cana-de-açúcar, assim como o sal natural, possui vitaminas e sais minerais, mas os produtos refinados acabam com os benefícios desses alimentos e só deixam o sabor gostoso, o que não passa de um veneno de efeito lento. O açúcar refinado, quando usado em doses altas e freqüentes, pode causar diabetes, hipoglicemia, cáries, problemas mentais, dificuldades de aprendizado e falta de vitamina B. Os substitutos do açúcar são tão perigosos quanto ele. É só uma questão de tempo para seu corpo ficar totalmente saturado de adoçantes químicos. Quem paga o preço é a saúde. O mel, por sua vez, é rico em sais minerais e ajuda na digestão, assim como na prevenção da faringite, resfriados, insensibilidade e insônia. É um alimento que possui virtudes maravilhosas, desde que você consuma com moderação.

Essa é uma lista bem básica, mas se você se dispuser a seguir essas recomendações, fará muito bem. Para ajudar nesse processo, compre um bom livro de alimentação natural e use as boas ideias. Não há razão para a comida saudável, do jeito que Deus a criou, ter um sabor ruim. No entanto, há muitas coisas que precisamos aprender sobre a preparação adequada dos alimentos. Uma salada, por exemplo, não se resume a algumas folhas de alface espalhadas em uma tigela com um gomo de laranja ou alguma coisa branca e gosmenta por cima. É desse jeito que vejo sendo servida em vários restaurantes, mas aquilo não é salada!

Uma salada de verdade inclui diferentes tipos de alface (verde, roxa, romana) ou endívia e algumas fatias de pimentão, cenoura, aipo, pepino, tomate, cebola e abacate. Para variar de vez em quando, adicione beterraba em tiras, abobrinha, repolho, folhas de espinafre, brócolis crus, couve-flor e diferentes tipos de brotos. Na hora de temperar, use azeite natural virgem, vinagre de cidra e/ou suco de limão, assim como condimentos naturais.

Legumes no vapor não precisam ser sem graça também. Ervilhas, por exemplo, podem ser levemente cozidas no vapor e colocadas em uma tigela com duas ou três colheres de sopa de azeite e uma cebola inteira, picada ou fatiada. Junte todos os ingredientes e espalhe em um pirex, colocando um pano de prato limpo por cima durante cinco a dez minutos. Tire o pano e sirva sem as cebolas (ou com, se você gosta de cebola crua). O sabor da cebola terá penetrado nas ervilhas. A minha família adora.

Quando for comprar alimentos ou fazer uma refeição, lembre-se sempre de que, quanto maior o número de processos pelos quais a comida tem de passar antes de chegar à sua mesa, mais rápida deve ser a sua decisão de desistir de comprá-la ou comê-la. Se você eliminar a maior quantidade possível de alimentos sem vida e processados, certamente se sentirá mais saudável. Se não gosta muito de frutas e legumes, provavelmente é porque tem comido alimentos excessivamente cozidos ou processados. Comece incluindo pequenas porções, um pouquinho de cada vez. Esses passos servem como orientação e não como regras difíceis e rápidas. Ajuste-os para que combinem com você e com seu estilo de vida.

Lembre-se: todos os alimentos fritos são difíceis de digerir. As frituras destroem muitas vitaminas e sais minerais no alimento, sem contar o que acontece com o óleo de cozinha ao ser aquecido a altas temperaturas: alguns especialistas dizem que se torna cancerígeno. Por isso, não faça das frituras seu estilo de vida. Siga um estilo de vida que combine com o jeito natural de viver que Deus planejou para o ser humano. Assim, quando você estiver em algum restaurante ou na casa de alguém e for servido um alimento frito (ou, se você se comportou bem um mês inteiro e só quer comer um hambúrguer com batata frita), vá em frente, aproveite e agradeça a Deus por lhe ajudar a ser tão disciplinada durante todas aquelas semanas. No entanto, *não se esqueça*: esse *não é* seu estilo de vida nem um fato corriqueiro.

Se você não é do tipo de pessoa que cai nesse tipo de tentação, então louve a Deus por seu dom maravilhoso. A maioria das pessoas se sente tentada, e só com muito esforço, disciplina e obediência consciente aos caminhos de Deus consegue se manter na linha. Qualquer coisa que façamos apenas de vez em quando no que diz respeito a nossos hábitos alimentares, seja bom ou mau para a saúde, não faz tanta diferença a longo prazo. É o que fazemos todos os dias que determina se seremos saudáveis ou doentes.

É importante evitar uma dieta carregada de carne. É por essa razão que os 25% constituem um bom limite para o consumo de carne. Muita carne exige muito trabalho ao seu sistema digestivo. Isso pode gerar fadiga e ganho de peso. Lembre-se: alimentos à base de carne não são tão bons quanto os alimentos à base de ingredientes que nascem na terra. Isso não significa que não possa comer carnes, mas evite sobrecarregar a sua dieta com elas.

Fiquei impressionada ao constatar como eu havia ficado mais forte ao fazer uma dieta de 50% de frutas e legumes frescos. Sempre acreditei que, se não tivesse carne ou frango em todas as refeições, eu morreria. Hoje em dia, sou mais forte do que nunca, e só como um bife uma ou duas vezes por mês. Frango, peru e peixe, só uma vez por semana.

UMA PALAVRA SOBRE OS BROTOS

Os brotos merecem uma pequena parte especialmente reservada por serem um alimento singular que está *vivo* quando nós os comemos. Em tempos de catástrofe ou racionamento de alimentos, seria possível sobreviver apenas à base de brotos. Tudo o que você precisa para plantá-los e fazê-los crescer em poucos dias são as sementes e um pequeno canteiro. Eu costumava não gostar de brotos. Eles me faziam sentir como se eu estivesse pastando no campo quando os comia. No entanto, quando comecei a ler sobre eles e conhecer seu valor, descobri se tratar de um alimento *milagroso*.

Brotos são alimentos maravilhosamente puros, e você faria bem se não dispensasse alguma oportunidade de comê-los. São digeridos com facilidade e assimilados com rapidez; possuem poucas calorias; são muito ricos em vitaminas, sais minerais e enzimas digestivas; e você ainda recebe grandes benefícios físicos dos brotos sem precisar dedicar muito tempo e esforço. Portanto, no frigir dos ovos, os brotos parecem uma boa aquisição. Mantenha-os em mente.

ATÉ VOCÊ PODE GOSTAR DE CHÁS DE ERVAS

Houve um tempo em que eu só bebia refrigerante e chá gelado. Tive de me acostumar a só beber água e, em seguida, chás de ervas. A princípio, eu tinha a sensação de que, com tantos brotos e chás de ervas, um dia eu fosse acordar transformada em uma coelha. Aquilo, porém, era porque meu gosto apuradíssimo havia se deturpado com tanta variedade de sabores doces. Quando fiz um jejum de sete dias determinado por meu nutricionista, ele me autorizou a tomar chás de ervas no terceiro dia. O sabor deles era maravilhoso! Quanto mais tenho jejuado ao longo dos anos, mais saborosos eles ficam.

Todo chá de erva tem uma propriedade calmante e de cura. O meu favorito, e aquele pelo qual você talvez devesse começar, é o de hortelã. É uma bebida maravilhosa em qualquer situação, mas especialmente pela manhã, bem cedo. Quando você é uma pessoa saudável, não precisa de algo tão forte e estimulante quanto o café para continuar funcionando. Uma ou duas xícaras de chá de hortelã será excelente. Também é muito bom depois das refeições, pois ajuda na digestão.

As ervas têm sido usadas como remédio desde o tempo em que Adão e Eva passaram a ter de se virar sozinhos. Quando for ao supermercado, não se deixe enganar pelos chás que trazem o sabor hortelã na embalagem, mas levam uma lista de ingredientes que começa com: "Chá, hortelã…" Isso quer dizer que aquela bebida contém chá comum, com todos os efeitos ácidos que a cafeína provoca; vitamina B, com toda a sensação de esgotamento que gera; e o sabor artificial de hortelã. É preciso que a frente da embalagem traga a indicação "erva". Outros bons chás de ervas são os de rosas, confrei, camomila e laxante de ervas.

ALIMENTOS A EVITAR E ALIMENTOS A INCLUIR

Preparei duas listas bem simples. A primeira mostra os alimentos consumidos com maior frequência, mas que não deveriam fazer parte de um estilo de vida em termos de alimentação. Todos os que estão nessa lista de alimentos a se evitar devem ser eliminados por completo. Isso *é* possível porque há um substituto satisfatório para cada item do rol na lista de alimentos a serem incluídos, logo em seguida. Se você tem dificuldade para eliminar alguma coisa, tente pelo menos fazer uso dela de maneira frugal.

Comece riscando na lista de alimentos a evitar todos os que você já evita normalmente. Em seguida, volte à lista e marque todos os alimentos que não representam grande dificuldade de serem eliminados de sua dieta a partir de agora. Agora, com o que sobrou, elimine um item por semana. Quando uso a palavra "elimine", quero dizer "deixe de tê-los em casa". Não tente eliminar todos de uma só vez, a não ser que seja o tipo de pessoa capaz de fazer isso.

Ao mesmo tempo, pegue um item da lista de alimentos a incluir e comece a introduzi-lo em sua dieta, preferencialmente algum que tenha o número correspondente ao de alguma coisa que você tenha eliminado. Um jejum de 24 a 36 horas pouco antes de cada eliminação ou adoção de um item ajudará a reeducar os padrões de seu gosto e lhe dar força e determinação renovadas para seguir em frente.

Alimentos a evitar

1. Açúcar refinado.

2. Produtos que levam açúcar refinado: geleias, pudins, sobremesas industrializadas, bolos, doces, biscoitos, tortas, frutas cristalizadas etc.

3. Farinha branca.

4. Produtos que contêm farinha branca: macarrão instantâneo, espaguete, outras massas.

5. Farinha integral: geralmente, uma mistura de farinha branca e integral. Para poder ser usada, deve trazer a indicação "integral" ou "integral e moída na pedra".

6. Refrigerantes.

7. Cereais refinados.

8. Sal e alimentos muito salgados: batatas fritas, nozes salgadas, salgadinhos, azeitonas etc.

9. Arroz branco.

10. Gorduras hidrogenadas ou saturadas.

11. Creme de amendoim processado e com sal.

12. Margarina feita de óleos saturados e hidrogenados.

13. Carnes processadas: salsicha de cachorro-quente, salame, bacon, carne enlatada etc.

14. Alimentos enlatados em geral que contenham farinha branca, açúcar ou produtos químicos.

15. Chocolate.

16. Sorvete feito com produtos químicos.

17. Café, chá e álcool.

18. Comidas "instantâneas" em embalagens.

19. Alimentos fritos.

20. Frutas e legumes enlatados.

Alimentos a incluir

1. Mel ou, pelo menos, açúcar não refinado e usado com moderação.

Segundo passo: Alimentação pura   *77*

2. Alimentos adoçados com mel: outros bons adoçantes são melado escuro, frutas, sucos de frutas e tâmaras.

3. Farinha integral: cevada, aveia, trigo, painço, centeio, sarraceno etc.

4. Produtos à base de farinha integral: macarrão, espaguete etc., feitos com sésamo, soja, farinha integral, alcachofra, espinafre.

5. Farinha integral ou qualquer outra mistura de farinha de grão integral.

6. Sucos de frutas naturais. Se você não consegue passar sem refrigerante, pelo menos compre os que contém menos açúcares.

7. Cereais integrais: aveia crua, cereais de quatro grãos, granola integral etc.

8. Legumes frescos e condimentos à base de ervas: evite o sal ou, pelo menos, use-o com moderação. Compre alimentos sem sal.

9. Arroz integral. Também pode ser o arroz selvagem.

10. Óleos e azeites virgens extraídos naturalmente, em especial azeite de oliva, óleo de canola e óleo de girassol.

11. Creme de amendoim natural sem ingredientes químicos, processos industriais e sal.

12. Manteiga tão pura quanto possível.

13. Carnes puras. Procure salsichas e bacon e outros produtos feitos de carne pura e sem a adição de produtos químicos, açúcar, conservantes e temperos fortes.

14. Comidas enlatadas puras. Você deve ler os rótulos, pois a lista de composição desse tipo de produto só contém ingredientes naturais.

15. Alfarroba. Muitos produtos à base de alfarroba atualmente são adoçados com tâmaras ou sucos de frutas.

16. Sorvete feito com ingredientes naturais, como leite puro, ovos e mel.

17. Chás de ervas: hortelã, rosas, camomila, confrei e laxante de ervas.

18. Produtos naturais não processados. Por exemplo, se você tem comprado batatas pré-cozidas, passe a comprar batatas frescas e a cozinhá-las.

19. Alimentos cozidos, escaldados, no vapor ou ensopados. Compre uma pequena panela de metal para legumes que caiba dentro de outra maior que já tenha para cozinhar no vapor. É muito bom.

20. Frutas frescas e legumes.

COMER EM EXCESSO E OUTRAS DOENÇAS

Nos anos 1970, quando mantínhamos um grupo de oração em nossa casa, o pedido de oração pessoal e mais frequente que se fazia era o de mulheres que queriam a ajuda do Senhor para controlar os hábitos alimentares e o peso. Tenho certeza de que as pessoas que entraram e saíram desse grupo naquela época eram bem parecidas com as de hoje em dia. A vida parece sair do controle muito rápido quando se trata de alimentação.

Milhões de pessoas estão sofrendo de algum tipo de distúrbio alimentar, sendo o excesso de comida a mais comum. Comer excessivamente é, em geral, fruto de problemas psicológicos e mágoas. Se você é vítima desse hábito, tente distinguir a razão. Descubra por que come tão rápido, em tanta quantidade entre as refeições, quando está infeliz, quando está sozinha etc. Se você sente fome o tempo todo, está dando sinais de outros problemas além da verdadeira necessidade de comida.

Se você fica ansiosa por determinados tipos de alimento que não são saudáveis, a questão aí não é fome e sim um sinal de que alguma coisa dentro de você não está em ordem. Muita gente passa por esses problemas. A comida costuma ser usada para satisfazer as necessidades de uma maneira muito maior e mais intensa do que deveria. As pessoas usam o alimento para ajudá-las a enfrentar a vida, fugir dela ou negá-la. No fim, podem até perdê-la.

Duas formas radicais de alimentação obsessiva são a anorexia e a bulimia. Não vou falar profundamente a respeito desses problemas neste livro porque eles exigiriam uma obra só para isso, mas posso dizer que, se você está sofrendo por causa de algum desses dois tipos de

Segundo passo: Alimentação pura

desordem alimentar, é melhor parar a leitura agora e procurar a ajuda de um especialista. Confesse esse problema a seu pai ou sua mãe, a uma amiga, ao pastor, a um conselheiro ou um médico e permita que eles coloquem você em contato com pessoas especializadas nesse tipo de assunto para que possam ajudá-la. Não tente resolver sozinha.

Aqueles que enfrentam problemas menos radicais não devem se permitir outros momentos de alimentação desequilibrada. Se você só faz essas coisas com a comida quando ninguém está olhando, saia de seu esconderijo e exponha os problemas imediatamente. Analise a sua vida e qualquer tipo de segredo que esteja escondendo. Não estou falando de contar ao mundo inteiro tudo o que você faz. Estou me referindo a manter algum tipo de vida privada no qual ninguém no planeta tem a menor idéia do que você está fazendo.

Isso pode ser prejudicial à sua saúde. É melhor não manter essa vida secreta por muito tempo. Se isso acontece com você, é provável que esse segredo seja acompanhado de uma grande culpa. Abra o jogo com um pastor, um conselheiro, uma pessoa da família, uma amiga, um médico, um psiquiatra ou com todas essas pessoas. Esse é o primeiro passo rumo à libertação. "Quem esconde os seus pecados não prospera, mas quem os confessa e os abandona encontra misericórdia" (Pv 28:13).

Muitos de nós, vez por outra, comemos além da conta. Em épocas de grandes mudanças, estresse muito forte, decepção, excesso de trabalho ou durante determinados períodos de doenças, as pessoas se sentem tentadas a comer muito. Lembre-se, porém, de que comida em excesso nunca é bom para você nem pode se tornar um estilo de vida. A pior parte dessa história é que, via de regra, comemos em excesso justamente os alimentos que não possuem valor nutricional, por isso acabamos comento muito mais para tentar satisfazer a fome oculta ou o sentimento de vazio e incompletude. Comer muito tem muito mais a ver com a alimentação de nossas compulsões descontroladas do que com a satisfação da fome.

80   O segredo da saúde total

Quando comemos demais, o corpo não é capaz de processar o alimento na velocidade apropriada, por isso os órgãos digestivos acabam sobrecarregados. Isso faz que o estômago, o fígado, os rins e os intestinos tenham de trabalhar além de seu limite normal. Se a comida não é processada antes de apodrecer, os venenos do apodrecimento são absorvidos no sangue e todo o organismo é afetado. Quando seu corpo tem de trabalhar muito para processar todo o alimento extra, o organismo inteiro é influenciado por esse excesso de esforço. Depois de alguns anos, o corpo para de funcionar direito. A única maneira que descobri de colocar um ponto final no apetite descontrolado é por meio do jejum (leia mais a respeito no capítulo 5).

Comer em excesso esgota seu estoque de energia. Se a única coisa que passa por sua cabeça depois de uma refeição é tirar uma soneca, pode ser que o motivo seja o excesso de comida. Você precisa fazer distinção entre as sensações de empanzinamento e de satisfação. A segunda é positiva, energética. Não queremos viver como "inimigos da cruz de Cristo. O destino deles é a perdição, o seu deus é o estômago e eles têm orgulho do que é vergonhoso" (Fp 3:18-19). "Todo o esforço do homem é feito para a sua boca; contudo, o seu apetite jamais se satisfaz" (Ec 6:7).

O que os seus hábitos alimentares atuais refletem? Seja sincera e realista. São hábitos bem equilibrados? Eles têm a glória de Deus em mente? Levam em consideração a sua saúde? A sua aparência? São provocados por alguma necessidade? Se a resposta é "sim", que necessidade é essa? Uma necessidade de amor? De consolo? De preenchimento do vazio que você sente por dentro? É muito importante, pelo bem de sua saúde, que esses problemas sejam identificados.

De maneira geral, o simples fato de seguir os Sete Passos para a Saúde Total já colocará um ponto final em muitos desequilíbrios alimentares. Não é preciso chegar ao excesso de peso para que uma pessoa seja considerada comilona. Gente muito magra também pode

Segundo passo: Alimentação pura   *81*

sobrecarregar o corpo. Mesmo sem reter o excesso de peso, essas pessoas sofrem os efeitos de um organismo sobrecarregado e também podem adoecer. Não são apenas os lanchinhos que podem ser consumidos em excesso. Bons alimentos também. Lembre-se sempre: qualquer comida que seja boa para você, se ingerida em excesso, acaba se tornando prejudicial.

PERDA DE PESO SEM SOFRIMENTO

Travamos uma batalha violenta para perder peso hoje em dia porque a magreza está na moda. O modelo de perfeição é ter o peso mínimo. Essa atitude faz que as pessoas se sintam como se fossem socialmente fracassadas se pesam 100 gramas a mais do que as modelos-manequins magrelas dos anúncios de lingerie ou de cerveja. Acontece que devemos tirar os olhos dos anúncios e mantê-los em Jesus.

Deus nos ama de qualquer maneira, sejamos gordas ou magras. Satanás também não se importa se você é gorda ou magra, desde que se sinta incapaz e não consiga progredir para alcançar o que Deus tem para sua vida. Isso pode acontecer se você tiver um corpo magro ou gordo, não importa. Acontece que o excesso de peso pode encurtar seus anos de vida. Você estará mais propensa a doenças, mal-estar e problemas na coluna e no coração. Pergunte a seu médico e a seu plano de saúde.

O excesso de peso não tem nada de engraçado, não importa se é muito ou pouco. Mas o maior problema não é se Deus continua amando você. Ele ama, assim como outras pessoas também amam. Nem é se as suas roupas lhe cabem direito. A coisa mais importante é saber se as doenças provocadas pelo excesso de peso podem limitar suas capacidades ou mesmo levá-la à morte prematura. Até onde consigo ver, as únicas razões pelas quais alguém pode desejar reter o excesso de gordura é a intenção de andar pelado na Antártida (a gordura mantém o corpo aquecido) ou alugar o corpo como salva-vidas natural no verão (a gordura flutua).

O segredo da saúde total

Em geral, as pessoas tendem a comer demais. Elas continuam a comer sem parar porque nunca se sentem satisfeitas. As papilas gustativas já estão de tal maneira desgastadas que essas pessoas podem passar a desejar alimentos nada adequados. Ingerir alimentos sem vida faz o corpo querer alguma coisa a mais, pois ele nunca recebe todas as vitaminas, os sais minerais e as enzimas digestivas de que precisa para funcionar direito. Entre o estresse sob o qual vivemos e os alimentos que consumimos, não é de admirar que haja tantas doenças e males crônicos e problemas com excesso de peso. O que nós precisamos mesmo é de *menos comida, mais alimentos de qualidade e uma alimentação mais simples* do que aquilo que temos a tendência de comer.

Muitas dietas para perder peso (a maioria delas) não são naturais. Além disso, são rigorosas demais, seja qual for o tempo para emagrecimento que propõem. Não é de admirar que elas sejam tão desestimulantes. Você pode até perder peso com determinadas dietas, mas o problema é não ganhá-lo de novo. É por isso que você não precisa de uma dieta, mas de um novo estilo de vida. Precisa conhecer os caminhos de Deus e como ele planejou que vivêssemos.

Quando você começa a tratar o alimento da maneira que Deus o criou, não tem mais de se preocupar com dietas. A partir daí, passa a comer exatamente como eu descrevi, mas cortando as porções de carne, grãos e produtos derivados do leite e aumentando as quantidades de frutas e legumes. No entanto, você precisa manter uma dieta bem equilibrada por um mês inteiro, pelo menos, antes de começar a emagrecer. Dessa maneira, sua saúde será aprimorada e você nunca perderá energia ou resistência, mesmo perdendo peso.

Conheci pessoas que estabeleceram esse modo naturalmente equilibrado de se alimentar, obedecendo a todos os sete passos, e perderam o peso que precisavam e ganharam mais saúde. Lembre-se: os sete passos funcionam em conjunto para equilibrar tudo. Em outras

Segundo passo: Alimentação pura

palavras, você deve controlar o estresse (que provoca o desejo de comer muitas coisas de baixa qualidade), fazer exercícios físicos (fundamental para estabelecer um equilíbrio em termos de peso), beber muita água pura (que tira as impurezas do organismo), jejuar (uma forma de controlar o apetite desenfreado), respirar ar fresco, expor-se ao sol e descansar (o que ajuda o corpo a se reconstituir de maneira saudável e forte). Todas essas coisas trabalham juntas para promover o equilíbrio do corpo; se negligenciar uma ou duas delas, todo o esforço será em vão.

A fome não precisa ser um estilo de vida, nem tudo precisa se tornar uma chatice em termos de culinária. Mas as papilas gustativas precisam ser reeducadas para se ajustar aos caminhos de Deus, assim como todas as outras áreas de nossa vida. Se você está acostumada a beber muito refrigerante e a comer biscoitos, bolo de chocolate e batatas fritas todos os dias, é claro que não se sentirá nem um pouco entusiasmada com a ideia de trocar alguma dessas coisas por uma beterraba. Mas se estiver saindo de um jejum, uma batata cozida ou um abacate parecerá um alimento vindo diretamente dos céus.

Não permita que o desejo de perder peso seja a sua principal preocupação. Coloque a *boa saúde* em primeiro lugar. Permita que seu corpo se acostume a essa maneira de comer e veja como isso o influencia. Seja paciente. Dê um passo de cada vez e um passo por dia. Você começará a se sentir mais leve, mais cheia de energia e mais perceptiva. Lembre-se: antes de tudo, é dessa maneira que Deus planejou que você vivesse — não se trata de modismo!

Aprendi da pior maneira possível que as dietas de fome para perder peso rapidamente não são naturais e fazem muito mal para a saúde. Nas duas vezes em que engravidei, ganhei mais de 20 quilos. E considerando que nunca dei à luz um bebê de 18 quilos, isso quer dizer que eu tinha de perder uns 15 depois do parto.

A primeira gravidez foi há mais de vinte anos, quando eu ainda estava começando a conhecer os caminhos de Deus e pensava, de modo muito ingênuo, que poderia desobedecer-lhes só por uma vez. Depois do nascimento do bebê comecei a não comer, pular refeições ou mordiscar alguma coisinha aqui e ali. Não demorou muito e passei a me sentir cansada o tempo todo. De repente, passei a ter alergias que nunca tivera antes. Espirrava e tossia o dia inteiro. No fim, contraí uma infecção não muito grave, mas que levou meses para ser curada. Quando o bebê tinha seis meses, eu já havia perdido todo o peso, mas minha aparência era magra demais, pálida e doente. Eu me sentia terrível. Levei um ano para voltar ao normal.

Na época do nascimento do segundo filho, eu já havia aprendido muito mais sobre os caminhos do Senhor do que cinco anos antes. Cheguei a uma conclusão: ou as coisas que eu aprendera com Deus eram verdade ou não. O mesmo valia para as coisas que eu estava ensinando em minhas aulas sobre perda de peso — ou funcionavam ou não. Não havia meios-termos. Não tenho problema nenhum em ser disciplinada, por isso, se eu me sinto motivada a fazer alguma coisa, faço mesmo. Posso lhe garantir que ter quadris desproporcionais ao restante do corpo era motivação mais que suficiente para mim.

Assim, comecei a fazer rigorosamente o que recomendo neste livro. Comecei uma dieta com 50% de frutas e legumes crus ou cozidos de maneira apropriada; 25% de uma refeição era carne, e 25% de uma ou duas outras refeições eram compostos de algum tipo de grão integral. Os únicos tira-gostos eram nozes e sementes. Comia ovos ou produtos derivados do leite (iogurte caseiro, queijo não processado, coalhada e queijo *cottage*) apenas duas ou três vezes por semana — mesmo assim, em pequenas porções. Simples assim.

Eu também me exercitava cinco dias por semana, de trinta minutos a uma hora. Quando o bebê parou de mamar, comecei a fazer jejuns de 24 horas uma vez por semana. Passava bons períodos com meus filhos no ar fresco e tomando sol. Bebia muita água e não dor-

Segundo passo: Alimentação pura

mia menos de oito horas por noite. Comecei a perder peso até voltar ao meu normal (e sem perder a saúde) quando meu filho tinha seis meses de idade. Levei *exatamente* o mesmo tempo que passei morrendo de fome para terminar doente depois da primeira gravidez. Aquilo comprovou outra suspeita que eu tinha: o peso que se ganha durante a gravidez não é igual ao outro tipo de peso extra, por isso não pode ser perdido tão rápido assim. Ele estava ali para sustentar outra vida, e leva tempo para o corpo se livrar dele. Por isso, seja bem paciente se você teve um bebê há um ou dois anos.

Se você comer do jeito que Deus planejou para o ser humano, conseguirá perder o peso excessivo aos poucos e sem sofrimento! Se, porém, perder dois quilos em uma semana e nada nas três semanas seguintes, não fique preocupada com isso. Seu corpo precisa se ajustar e voltar ao normal. Se você o alimentar bem ele saberá o que fazer para encontrar o equilíbrio e voltar a um peso adequado. Caso queria perder peso um pouco mais rápido (nunca mais do que um quilo por semana), então tudo o que precisa fazer é diminuir as porções, sempre mantendo a mesma proporção de 50% de frutas frescas e legumes etc. O corpo precisa fazer certos ajustes depois de determinada perda de peso. Só então ele volta a perder mais alguma coisa. Ele faz isso para não provocar fadiga em algum organismo. Se o processo de emagrecimento do corpo sofrer uma parada a cada quatro quilos perdidos, não perca a motivação: é sinal de saúde.

No livro *Livre para emagrecer*,[1] Marie Chapian e Neva Coyle dizem: "Não planeje o fracasso". Ao esconder os alimentos que não pode comer, ou mesmo ao comprá-los, você está fazendo planos para o fracasso. E as "provinhas" e "mordiscadas", embora pareçam não significar muita coisa, fazem muita diferença.

Não pule refeições. Se você não gosta de tomar o café da manhã,

---

[1] Belo Horizonte: Betânia, 1989.

coma apenas um ou dois pedaços de fruta. Esse é um dos melhores desjejuns que se pode ter. Você se sentirá mais saudável e, de fato, perderá peso mais rápido fazendo três refeições por dia, mesmo que mantenha um espaço de cinco a seis horas entre cada uma delas. Ao pular as refeições ou deixar de comer para perder peso, está abandonando seu propósito porque impõe ao corpo uma situação de completa confusão, e ele começa a acumular para evitar a inanição, impedindo que essas reservas saiam com rapidez. Quando você faz três refeições por dia, o corpo queima calorias na mesma proporção.

Não pense que comer de acordo com a maneira planejada por Deus é um método restritivo. Não é. As leis do Senhor nunca são restritivas, mas libertadoras. Elas existem para nos proporcionar uma vida de maior realização pessoal. O mais importante é aprender os caminhos de Deus e se apegar a eles de maneira que se transformem em um estilo de vida. Foi o que fiz, e o excesso de peso se foi sem dor, sem mal-estar, sem fome e sem sofrimento. É claro, eu gostaria que tudo tivesse acontecido em uma semana, mas não é à toa que Deus nos pede para ter paciência. Pode ser que seus caminhos levem um pouco mais de tempo do que gostaria, mas vale a pena.

Não desista quando falhar. Não importa quão grande seja o deslize, limite-se a confessá-lo a Deus de modo que não precise carregar o fardo da culpa. Continue fazendo o que sabe ser a coisa certa. Acima de tudo, permita que sua principal razão para perder peso seja alcançar uma vida longa e saudável de serviço ao Senhor. Caber na calça da moda não é motivação suficiente.

Se você precisa perder mais que 15 quilos, por favor — por favor, mesmo! —, encontre um bom médico que possa supervisionar esse processo. Não siga apenas conselhos de livros. É necessário contar com a ajuda de um bom médico e/ou nutricionista, uma pessoa qualificada para ficar de olho em você e nos perigos ocultos, como pressão alta. No entanto, se o seu peso está mais de 30 quilos acima do ideal,

Segundo passo: Alimentação pura   *87*

procure um médico ou um programa hospitalar especializado em perda de peso. Nesse caso, seu problema é bem específico, a química de seu corpo foi alterada e sua reação a uma dieta não será a mesma de alguém que só está 10 ou 15 quilos acima do peso ideal.

De maneira alguma tente fazer isso sozinha. Busque a ajuda de um especialista. Emagrecer *é* possível, mas *tem* de ser feito *da maneira certa*, caso contrário você pode acabar doente, desmotivada e se sentindo um completo fracasso quando, na verdade, o problema foi deixar de lidar com a questão da maneira mais apropriada.

Do mesmo modo, saiba que há muitas evidências de que uma alergia pode estar na raiz do problema da obesidade. Pode ser que você esteja ganhando peso por causa de uma reação alérgica a determinado tipo de comida. Se for esse o caso, então precisa da ajuda de um médico especializado no tratamento de alergias. Essa é outra boa razão para não lidar sozinha com um problema sério de peso. Procure um bom médico.

Aprendendo novos hábitos

Você possui 260 papilas gustativas *bem treinadas*. Os hábitos alimentares são assimilados e você pode ensinar ao corpo como ele deve comer. Ninguém nasce viciado em refrigerante e chocolate, embora você possa achar que é a única exceção no mundo. Você *aprendeu* a gostar das comidas de que gosta hoje em dia; da mesma maneira, pode *aprender* a gostar de se alimentar do jeito que Deus planejou.

Eu adorava refrigerantes e chocolate mais do que qualquer outra coisa, e tinha a minha saúde e aparência para provar isso. Hoje, porém, não apenas deixei de sentir aquela necessidade incontrolável dessas coisas, como também nem penso mais nelas. Não são mais uma opção para mim. Agora eu tenho a mesma satisfação em uma batata cozida, um abacate, uma banana ou um mamão que eu tinha em um sundae com calda de chocolate quente. Mudei quando aprendi a me apegar aos caminhos de Deus, a jejuar e a orar para romper as cadeias que prendiam minhas papilas gustativas (veja mais sobre isso no capítulo 5).

DA MANEIRA MAIS SIMPLES

Nossa vida se tornou muito complicada, assim como os alimentos que ingerimos. Quando você for capaz de apreciar os alimentos simples e puros que Deus criou, se sentirá muito mais feliz e saudável. Descobrirá como se sentir bem melhor depois das refeições frugais. Alguns tipos de alimento, se preparados com simplicidade, serão mais saudáveis para seu corpo e mais fáceis de serem digeridos. Tome cuidado com os perigos das refeições com vários pratos, dos bufês e das degustações: todos nós temos a tendência de achar que temos o direito divino de degustar cada prato servido. Escolha muitas coisas que lhe agradem, mas faça escolhas saudáveis e balanceadas. Você aproveitará ainda mais o jantar e se sentirá melhor no dia seguinte.

Livre-se da ideia de que tudo o que vê no supermercado é bom para comer. Boa parte do que está ali não é tão bom, e você precisa tomar suas decisões sobre o que deve levar para casa tendo por base o conhecimento e a experiência que adquiriu. Faça as escolhas mais simples. Se tivéssemos de sair para ordenhar a vaca, recolher os ovos, moer os grãos, colher as frutas, pescar o peixe ou matar o frango para jantar, seríamos mais tentados a dizer: "Vamos pegar algumas batatas, uns tomates e umas espigas de milho no jardim esta noite e fazer um jantar mais simples".

Pelo fato de tudo ser tão facilmente disponível hoje em dia, acabamos enfrentando ou uma ansiedade por causa da decisão que temos de tomar ou uma overdose de alimentos. Tenha isso em mente: ter todas as comidas de seus sonhos ao alcance da mão o tempo todo não pode ser uma coisa muito natural.

Frutas e legumes, nozes, sementes e grãos integrais são alimentos

Segundo passo: Alimentação pura

naturais que Deus criou para nós. Quanto menos processos eles sofrerem antes de serem servidos, melhor. Quando são preparados *da maneira mais simples*, eles proporcionam mais força e mais saúde do que os alimentos mais elaborados.

A VARIEDADE NOSSA DE CADA DIA

Livre-se de qualquer hábito de repetir determinado alimento todos os dias, mês a mês, ano a ano. Não importa qual seja, isso não lhe faz bem. Seja manteiga, trigo, ovos, iogurte, cenoura, leite, laranja, seja carne, não coma a mesma coisa todos os dias. Deus criou várias coisas por temporadas, e não para serem comidas todos os dias do ano. Muitos alimentos também podem se tornar agressivos ao seu organismo, se ingeridos todos os dias. Isso não quer dizer que seja proibido comer determinada coisa algumas vezes em sequência, se acontecer de você ter uma grande quantidade em casa. No entanto, depois que acabar o estoque, dê ao seu corpo uma folga daquele alimento.

COMER SEM ESTRESSE

Todos os nutricionistas concordam que não importa o valor nutricional de determinado alimento se você não consegue digeri-lo ou assimilá-lo. O estresse influencia a digestão e sem uma boa digestão você não consegue converter os alimentos que come em algo possível de ser assimilado. A não ser que o alimento ingerido seja devidamente *quebrado* pelo seu corpo, ela não conseguirá atingir o restante do organismo para ser transformado em energia.

Essa *quebra* dos alimentos começa a partir do momento que eles entram na boca. Se você engole, come muito rápido ou sob condições extremamente estressantes, esse processo é prejudicado. "Melhor é um pedaço de pão seco com paz e tranquilidade do que uma casa onde há banquetes, e muitas brigas" (Pv 17:1).

Ao comer, estabeleça um clima de paz a partir do momento que estiver orando para abençoar seu alimento. Isso não significa que seja preciso orar longamente; bastam algumas frases. Sempre tive problemas com pessoas que se sentam para comer e oram sem parar, como se fosse o único momento do dia que elas têm para falar com Deus e, por isso, precisam aproveitar bem.

O momento à mesa não é o mais apropriado para orar pelo bichinho de estimação da tia Maria nem pela paz no Oriente Médio até as batatas esfriarem na tigela. Trata-se de uma breve oração focada no Doador de todas as coisas para agradecer a ele pelo pão de cada dia e para estabelecer um clima de paz e gratidão. Reserve outra hora do dia para interceder por outros assuntos.

Criar esse ambiente de paz à mesa é muito importante. Mesmo que você esteja sozinha num restaurante lotado e não se sinta à vontade para orar em voz alta, pelo menos dedique alguns segundos para fechar os olhos, respirar e dizer: "Obrigada, Senhor, por esse alimento e por sua paz". Em seguida, comece a comer com calma, pensando apenas nas coisas que são verdadeiras, honestas, corretas, puras, amáveis, admiráveis, excelentes ou dignas de louvor. Isso afetará todo o seu ser. A tensão é inimiga da saúde, especialmente da boa alimentação.

Todos os alimentos na lista dos que devem ser evitados geram estresse. Na verdade, eles provocam mais fome e irritam os nervos. Só o fato de evitá-los e incluir os que estão na outra lista já será suficiente para reduzir um bocado do estresse em seu corpo.

COMER FORA

Sei o que você está pensando. Está com medo de que sua vida social tenha chegado ao fim e de que nunca mais tenha a oportunidade de sair para jantar em um restaurante. Mas isso não é verdade. Tudo o que tem a fazer é aprender a fazer as escolhas mais sábias. Chega de parar em restaurantes de *fast-food* para fazer um lanchinho. Agora você pas-

Segundo passo: Alimentação pura

sa a procurar lugares diferentes que sirvam boas saladas, legumes cozidos, peixe fresco e carne de frango ou de boi devidamente grelhada.

Evite restaurantes que cozinham demais os legumes (em muitos casos, enlatados). Tenho um lema quando vou a um restaurante: "Se você não é capaz de identificar, não coma". Cada vez mais restaurantes hoje em dia servem arroz integral e pães de farinha integral. Se você estiver em um lugar onde nem todas as coisas no cardápio parecem boas, coma *só o que for bom*.

Não pense que você tem a obrigação de limpar o prato só porque tem um monte de gente morrendo de fome na Índia. A situação deles não vai melhorar nem um pouco se você comer em excesso. (Caso queira, de fato, ajudar as crianças famintas na Índia, então jejue e ore por elas; envie o dinheiro que gastaria em excesso de comida para alguma organização que trabalhe com aquele povo.) Vale a pena o esforço de procurar restaurantes bons e saudáveis.

Quando você estiver diante daquelas situações inevitáveis de ter de comer em uma lanchonete do tipo *fast-food* ou de comida processada, verá que uma só refeição naquele lugar não lhe fará tão mal, caso esteja seguindo todos os sete passos e tenha passado a se alimentar do jeito que Deus planejou para o ser humano. Mas não se deixe enganar: não cometa o erro de pensar que pode fazer isso a vida inteira. "... estejam certos de que vocês não escaparão do pecado cometido" (Nm 33:23). Um erro muito comum que cometemos quando estamos indo bem é o de voltar ao que fazíamos antes. O Antigo Testamento inteiro está repleto de casos desse tipo.

Se você for convidada para visitar alguém, vá e dê graças a Deus por todos os alimentos que lhe forem servidos. Quando for a um bufê ou um jantar beneficente, faça uso de sua inteligência e de sua liberdade de escolha. Se não for, concentre-se nos alimentos puros e saudáveis e *seja parcimoniosa* nos outros pratos. No entanto, se chegar a um jantar e descobrir que estão servindo um monte de frituras com arroz branco, profiteroles de sorvete e docinhos cobertos de açúcar cristal, há sempre a opção de pegar um pouquinho de cada coisa, elogiar o sabor e dizer à anfitriã que se houvesse umas tirinhas de cenoura para acompanhar, a sua vida estaria completa. O que você não deve fazer é dar uma pancada na cabeça dela com a Bíblia e gritar: "Você nunca ouviu falar sobre o que Deus planejou para o ser humano comer?".

Seja educada e tome cuidado para não ferir os sentimentos dos outros quando o assunto for este: comer na casa de alguém. Se você estiver muito preocupada sobre o que a pessoa vai servir no jantar, convide-a para jantar em sua casa *primeiro*, sugira que o encontro seja em algum bom restaurante, façam alguma coisa juntas que não exija a necessidade de comerem ou se ofereça para levar a salada. Sua vida social não chegou ao fim, de jeito nenhum — quer dizer, a não ser que você tente converter todas as suas amigas a aderir ao seu estilo de alimentação!

OCASIÕES ESPECIAIS

Se você está comendo os alimentos da maneira que Deus os criou como um "estilo de vida", pode se sentir à vontade em ocasiões especiais. Por exemplo, não se sinta culpada por comer uma fatia de seu bolo de aniversário, nem o musse de chocolate no jantar de bodas, um pedaço de ovo de Páscoa, um pouco daquele churrasco de formatura ou do tender de Natal. Contudo, não coma todas essas coisas juntas em uma só refeição NEM SAIA DEVORANDO TUDO! Comer demais nunca é bom — nem mesmo em ocasiões especiais.

Coma com calma, não assuma uma atitude de gula desesperada. Quando você não tiver uma vontade forte de provar determinada coisa, recuse (dentro das regras da boa educação, é claro). Se a sua anfitriã fez o maior esforço para preparar uma sobremesa especial para você (que, por sua vez, não mencionou em momento algum que não come sobremesa antes de aceitar o convite), não diga: "Não estou com

Segundo passo: Alimentação pura   93

vontade de comer sobremesa hoje, obrigada". Isso pode sugerir ingratidão de sua parte, e é possível que a anfitriã se sinta ofendida com sua reação. Em vez disso, diga: "Sim, eu adoraria comer um pedacinho".

Uma última dica: não saia por aí procurando essas tais "ocasiões especiais", do tipo aniversário do cachorro de sua amiga, churrasco no dia da transmissão do jogo, ou jantar comemorativo pela independência da Guatemala — principalmente se tudo acontecer na mesma semana. Se tiver de participar de mais de uma ocasião especial por mês, é melhor estabelecer parâmetros para obter uma alimentação saudável e começar a pedir porções menores.

O ALIMENTO DIVINO E O ESTÔMAGO DA CRIANÇA

As pessoas costumam me perguntar: "Como você consegue convencer os seus filhos a comer os alimentos do jeito que Deus criou?". Quando a criança aprende a gostar de comida de má qualidade — até porque elas participam de festas de crianças e vêem o que os amiguinhos comem na escola e nos passeios —, é muito mais difícil fazer a reeducação alimentar.

Fiz o melhor que pude para ensinar nosso filho, Christopher, a gostar de comida saudável quando ele ainda era bebê. No entanto, muitas bobagens, como salgadinhos e comidas do tipo *fast-food*, acabaram aterrissando em minha cozinha graças ao pai, que adora essas coisas. Eu me esforcei um bocado para educar os hábitos alimentares de meu marido e de meu filho, mas eles raramente me escutavam. Como uma briga na família é *muito pior* do que esse tipo de alimentação, preferi não forçar. Eu me limitava a preparar a melhor comida que pudesse e eles comiam. Às vezes, acabavam com pacotes de salgadinhos inteiros e latas de refrigerante de uma só vez.

Meu marido começou a ter problemas para manter o peso ideal e não conseguia se sentir bem na maior parte do tempo. Quando passou por um *checkup*, o médico disse a ele que o colesterol estava muito alto. Convenci meu marido a me acompanhar em uma consulta a um nutricionista cristão que o submeteu a uma dieta rigorosa de todas as comidas que mencionei.

Em cerca de dois meses, meu marido parecia outra pessoa. Nunca vi alguém mudar tanto em tão pouco tempo. Perdeu o peso extra, seus olhos ficaram mais claros e brilhantes, não teve mais resfriados frequentes e quando voltou ao médico o colesterol estava baixo. Ele logo se tornou um adepto da alimentação planejada por Deus.

Durante algum tempo, deixamos que Christopher continuasse comendo como estava acostumado. Acontece que ele tinha infecção no ouvido uma vez por mês, pelo menos. Por fim, eu o levei ao mesmo nutricionista e perguntei:

— De que maneira devo alimentá-lo?

Ele olhou para mim meio admirado e respondeu da maneira mais educada que podia:

— Ele precisa comer as mesmas coisas que vocês comem.

Que bobagem de minha parte. É claro, ele deveria comer as mesmas coisas que nós comíamos! Será que Deus criou todos esses alimentos frescos, saudáveis e maravilhosos para nós e as guloseimas refinadas, processadas e sem valor nutricional para os nossos filhos? Não, com certeza. Eu e Michael sentamos para conversar com nosso filho, na época com três anos. Eu disse:

— Christopher, eu fiz uma coisa errada. Deixei você comer um bocado de bobagens e isso debilitou a sua saúde. Nosso médico diz que, se você não quer mais ter problemas de infecção no ouvido o tempo todo, precisa comer a mesma coisa que eu e seu pai comemos, que é o alimento do jeito que Deus criou.

Embora tenhamos orado sobre isso antes, eu não estava preparada para o milagre que aconteceria a seguir. Ele disse:

— Tudo bem, mamãe. Tudo bem, papai.

E mais nada. As mudanças não aconteceram todas da noite para

Segundo passo: Alimentação pura

o dia, mas a transição foi muito menos traumática do que eu havia imaginado. Quando *ambos* os pais acreditam com convicção que determinado caminho é o certo, a criança o aceita com mais facilidade. Meu filho ainda comia mais bobagens do que eu gostaria, mas criou o gosto por muitos alimentos saudáveis, o que me surpreendeu. Ele comia biscoitos recheados de chocolate na sobremesa de vez em quando, saboreava algumas das guloseimas servidas nas festinhas dos amiguinhos, mas nos últimos quinze anos raramente vimos Christopher adoecer, e este é o maior milagre de todos. Não tivemos muita dificuldade com os hábitos alimentares de nossa filha porque, para começar, ela não teve tanto acesso a comidas de baixa qualidade. Ela via o irmão comendo seu purê de batatas e achava que era a melhor coisa.

Eu me acostumei a ouvir reclamações de vez em quando.

— A mãe do Jimmy não o obriga a comer cereais de quatro grãos de manhã. Ele come rosquinhas.

Eu respondia:

— É porque a mãe do Jimmy não conhece os caminhos de Deus nem sabe como são bons.

Às vezes eu ouvia:

— Por que você sempre me faz comer os legumes?

Então dizia:

— Faço isso porque amo você demais e cuido de sua saúde.

Ele até preferia comer batatas frias em vez dos legumes que eu preparava, mas adorava o jeito de me ouvir falar. Isso fazia que ele se sentisse seguro por saber que estávamos cientes dos interesses que tinha. Além disso, de vez em quando deixávamos que ele comesse um hambúrguer, um bolo de chocolate no dia do aniversário e um copão de refrigerante quando fomos à Disneylândia. Mas esse não era o tipo de alimento que ele estava acostumado a ingerir. Ele sabia disso e também sabia o motivo. Por isso, essas ocasiões especiais se tornavam ainda mais especiais. Quem dera eu tivesse essa mesma noção quando tinha a idade dele.

A regra principal é: se você não quer que seus filhos comam determinados tipos de comida, não compre. Seja razoável, compreensiva e paciente. Faça apenas as comidas frescas que Deus criou da melhor maneira que sabe e não permita que o horário das refeições se transforme em algo estressante. Isso causa mais danos do que essas comidas de má qualidade.

VITAMINAS

Os médicos dizem que se você comer de maneira apropriada não precisará de suplementos alimentares nem de vitaminas. Eu concordo, mas o problema é justamente esse: comer de maneira apropriada. Não é fácil comprar alimentos bem frescos e naturais e manter uma dieta totalmente balanceada o tempo todo. Os alimentos são colhidos antecipadamente e amadurecidos de modo artificial. Não foi assim que Deus planejou, e alguma coisa se perde com isso. Além dos métodos inadequados de cozimento e processamento, há muitas razões pelas quais podemos não assimilar todos os nutrientes dos quais precisamos.

Se você toma vitaminas, certifique-se de que também sejam naturais e puras. Lembre-se: você recebe aquilo pelo que paga, e com as vitaminas não há nenhuma exceção. Se você comprar a mais barata, vá por mim, não vão funcionar muito bem. Não estou dizendo que você precisa gastar uma fortuna, mas confira os rótulos. Procure ver se eles mencionam que as vitaminas são naturais e sem adição de ingredientes químicos. Compre produtos de marcas confiáveis que estão estabelecidas há um bom tempo ou das recomendadas por pessoas conhecidas. Uma *boa* vitamina vale por cinquenta das mais baratas.

Não tente jamais viver apenas à base de complementos alimentares. Em outras palavras, não coma todas as bobagens que quer para, em seguida, compensar os nutrientes que perdeu com vitaminas. Isso não dá certo. As vitaminas não são um alimento do tipo que Deus criou para nós, por mais naturais que sejam. O ser humano cria tabletes de alfafa, por exemplo, mas Deus criou os brotos de alfafa. Comer brotos sempre será melhor do que tomar os tabletes.

É uma questão de inteligência: se você come as coisas do jeito mais próximo possível criado por Deus, está se poupando de muitos problemas. Pode tomar um monte de tabletes, mas eu nunca vi ninguém ter problemas de *overdose* de brotos. As vitaminas são suplementos alimentares e não substitutas dos alimentos. Se você viaja muito e está sujeito a comer aquelas coisas que só Deus pode imaginar, as vitaminas podem ser uma boa ideia, mas não se esqueça: elas nunca poderão substituir o alimento, nem compensar péssimos hábitos alimentares.

RÓTULOS

Você precisa ficar atenta ao que está colocando dentro do corpo. Leia todos os rótulos e suspeite se não conseguir entendê-los. A palavra "natural" em um produto pode significar que o alimento passou apenas por um processo limitado e não contém ingredientes químicos, conservantes ou corantes. No entanto, a palavra "natural" não é garantia total de comida saudável. "Orgânico" quer dizer que o alimento cresceu sem produtos químicos, pesticidas e fertilizantes. Tenho um lema quanto leio os rótulos: "Se você não consegue entender o rótulo, não coma".

O QUE INFLUENCIA A DIETA E O APETITE

Seu corpo não faz as mesmas exigências em termos de apetite e nutrição em épocas de calor e de frio. No inverno, pode ser que precise de sopas quentes e substanciosas, carnes e pães, mas o verão requer apenas frutas e legumes frescos. Se a pessoa vive em um lugar de clima frio, precisará de alimentos mais substanciais. Se ela mora em uma área quente, dará preferência a comidas mais leves; carnes podem parecer muito pesadas.

A quantidade de comida que comemos deve ser determinada pela quantidade de energia física que despendemos. Por exemplo, se você é secretária e fica sentada o dia inteiro usando apenas a cabeça e as mãos, precisará tomar cuidado especial para não comer demais, dando preferência a alimentos de alto valor nutricional. Mas, se trabalha na rua e faz muito esforço físico, terá de comer mais; pode até fazer isso, desde que a comida seja natural e integral.

Você pode ter preferência por determinadas cozinhas, como a italiana, a oriental, a francesa ou alguma regional brasileira. Mas saiba que, em cada uma delas, há certas coisas em comum que Deus criou. Frutas, legumes, sementes, nozes, grãos integrais, peixes, aves, carnes vermelhas, ovos, mel e derivados do leite.

DICAS ÚTEIS

1. Quando escolher a sua comida, pergunte a si mesma: "Isso foi criado pelo ser humano ou foi Deus quem criou?" e: "Até que ponto posso comer puro?".

2. Quanto menos itens fizerem parte da refeição, menos você se sentirá tentada a comer demais e mais fácil será para fazer a digestão.

3. Quanto mais natural for o alimento, mais saudável e mais adequado para evitar comer demais.

4. Quanto menos corrida for a sua vida ou o seu trabalho, menos você terá de comer.

5. Obedeça a um intervalo de cinco a seis horas entre as refeições. Uma boa escala pode ser tomar o café da manhã às sete, almoçar ao meio-dia ou à uma da tarde e jantar às seis ou sete da noite. Uma escala ruim seria tomar café às onze, almoçar à uma e meia da tarde e jantar às dez da noite.

6. Elimine semanalmente um ou dois alimentos que constam na

lista dos que devem ser evitados; adicione um ou dois da outra lista.

7. Não coma alimentos excessivamente cozidos ou processados.

8. Coma frutas maduras e de temporada.

9. Beba água, chás de ervas e sucos frescos.

10. Não coma alimentos fritos.

11. Coma com simplicidade e calma.

12. Não coma em excesso.

13. Mastigue bem.

14. Leia os rótulos.

15. Cada refeição deve ser composta por 50% de frutas e legumes crus ou devidamente cozidos.

O JEITO DE DEUS: UM MODO DE VIDA

Quanto mais aprendemos sobre os alimentos de Deus e o plano divino para o cultivo, a preparação e a alimentação, mais fácil se torna a adoção desse estilo de vida — e é exatamente isso que precisa se tornar. Não dá para ficar apenas na xícara de chá de ervas e em um broto de alfafa, achando que está tudo resolvido. A maneira que Deus planejou para o ser humano se alimentar é um estilo de vida, e quando nos apegamos aos caminhos do Senhor conscientes de que eles são mesmo bons para nós, é fácil segui-los.

Se você mantiver sua geladeira e sua despensa cheia de alimentos do jeito que Deus os fez e tiver vontade de preparar uma refeição ou um tira-gosto, então terá a certeza de que comerá bem. Pode ser que, com isso, tenha de ir ao supermercado ou ao armazém duas vezes por semana em vez de uma, mas compensa. Pense no que essas duas horas a mais representam se comparadas com uma internação de dois meses por causa de alguma doença que poderia ter sido evitada caso fosse adotada uma alimentação mais de acordo com os caminhos de Deus.

Confie no que sabe sobre o modo como o Senhor criou os alimentos. Não embarque em nenhum modismo no que diz respeito à comida (sempre aparece alguma coisa). Se você leu em algum artigo que "uma barra de chocolate por dia garante uma vida saudável" (Deus não criou barras de chocolate); ou que "comer pimentão no café da manhã ajuda a manter uma vida sexual ativa" (e não balanceada); ou sobre "brotos instantâneos — basta adicionar água e mexer" (bem diferente do jeito que o Senhor criou os alimentos); ou que "pesquisadores descobriram que você precisa de todo tipo de comida disponível todos os dias para se manter viva" (falta de simplicidade); ou ainda que "a obesidade protege contra os efeitos do fumo" (uma bobagem), então diga, com confiança: "Deus, eu agradeço porque o senhor me mostrou seus caminhos no que se refere à alimentação. Sei que os seus caminhos são bons e que posso confiar neles".

Se você estiver determinada a viver livre dos efeitos do estresse, mantendo contato constante com o Criador; comendo os alimentos da maneira que Deus os criou; reservando horários específicos para oração e jejuns; livrando seu corpo das impurezas, bebendo muita água pura; exercitando-se diariamente; respirando ar fresco; pegando sol; e descansando bem à noite, seu corpo se renovará de tal maneira que você permanecerá sempre saudável, jovial, atraente e cheia de vida.

Segundo passo: Alimentação pura

Palavras verdadeiras

"Vocês não sabem que são santuário de Deus e que o
Espírito de Deus habita em vocês? Se alguém destruir
o santuário de Deus, Deus o destruirá."
1CORÍNTIOS 3:16-17

"Pois essas pessoas não estão servindo a Cristo,
nosso Senhor, mas a seus próprios apetites."
ROMANOS 16:18

"Desvia os meus olhos das coisas inúteis;
faze-me viver nos caminhos que traçaste."
SALMOS 119:37

"Tudo é permitido, mas nem tudo edifica."
1CORÍNTIOS 10:23

"Ao contrário, revistam-se do Senhor Jesus Cristo, e não fiquem
premeditando como satisfazer os desejos da carne."
ROMANOS 13:14

"Purifiquemo-nos de tudo o que contamina o corpo e o espírito,
aperfeiçoando a santidade no temor de Deus."
2CORÍNTIOS 7:1

"Assim, quer vocês comam, bebam ou façam qualquer outra coisa,
façam tudo para a glória de Deus."
1CORÍNTIOS 10:31

terceiro passo

Exercícios apropriados

Você faz uso de uma lavadora automática, em vez de lavar as roupas na beira do rio, esfregando nas pedras? Enche sua banheira usando a torneira, e não com água retirada do poço? Pega o carro para ir ao trabalho todo dia, em vez de montar no cavalo ou caminhar? Entra no supermercado para comprar leite, pão e legumes, em vez de ordenhar sua vaca, moer os grãos e cuidar de uma horta?

Se a sua resposta a qualquer uma dessas perguntas for "sim", é sinal de que você está aproveitando as vantagens e conveniências da vida moderna. E não há nada de errado nisso, *desde que* esteja substituindo o trabalho físico que deixa de fazer por alguma outra forma de exercício.

Temos mais de seiscentos músculos no corpo, e a regra em relação a eles é simples: se não usá-los, você os perde. Em outras palavras, se eles nunca são submetidos a nenhum tipo de exercício, é possível que um dia, ao tentar usá-los, você não consiga. Só então se dará conta do prejuízo que causou a si mesma, um prejuízo que poderia ter sido evitado. Você pode estar fortalecendo ou destruindo o seu corpo dia a dia, dependendo do que faz com ele diariamente. E por termos a tendência de ficar sentados para fazer tudo (viajar, trabalhar, ver um filme), é ainda mais importante que façamos alguma coisa para exercitar esses músculos que raramente usamos.

104 O segredo da saúde total

Os especialistas em nutrição dizem que há três coisas capazes de encurtar a vida do ser humano: estresse demais, hábitos alimentares ruins e falta de exercício. Os médicos concordam que as três principais contribuições para a saúde são o descanso, a boa nutrição e o exercício. Na verdade, todos os profissionais de saúde colocam o exercício como uma das atividades mais indispensáveis do ser humano.

Quando se trata de exercícios físicos, há três tipos de pessoas: as que não fazem nada; as que são obcecadas por ginástica a ponto de se tornarem fanáticas; e as que vivem uma vida ativa, e não uma vida excessivamente dedicada à atividade. Deus nunca quis que fizéssemos parte dos dois primeiros grupos. Em vez disso, ele nos criou para que vivêssemos uma vida equilibrada, como a do terceiro grupo. Se você já faz parte dele, pode pular de alegria! Se está no segundo grupo e se dedica totalmente à ginástica, precisa incluir mais de Deus em sua vida para alcançar o melhor equilíbrio. E se faz parte do primeiro grupo, então é melhor pensar em promover algumas mudanças sérias, mudanças que começam com a sua atitude.

Atividade como atitude

Em sua mente, você acha que o melhor da vida é poder descansar em uma poltrona bem confortável? Quais são os pontos altos de sua vida: comer e dormir? Você precisa tirar uma soneca depois de cada refeição? Se perder uma hora de sono à noite, passa o restante do dia imaginando uma maneira de repor? Perde o fôlego só de levantar da cadeira para desligar a televisão? Qual foi a última vez que fez uma caminhada? No dia do casamento, quando seguiu da porta da igreja até o altar e voltou?

Como vive a sua vida: uma observadora privilegiada, e *nunca* como alguém que faz as coisas acontecerem? Sempre escolhe a maneira mais fácil para fazer as coisas, em vez de optar pela maneira mais adequada? Acorda zangada pela manhã porque precisa levantar, em vez de agradecer a Deus por mais um dia? Nunca lidera nada porque acha mais fácil seguir as ordens dos outros? Raramente sugere ir a algum lugar porque tem medo que alguém diga "sim"?

Você acha que a depressão é mais divertida que uma aula de aeróbica? Não convida as pessoas para visitar a sua casa porque dá muito trabalho? Sente como se a sua vida estivesse sendo desperdiçada sem chegar a lugar nenhum? Você acha que, por causa de seu ministério único e de seus talentos e dons especiais, pode se eximir de praticar exercícios físicos?

Se a sua resposta a qualquer uma dessas perguntas foi positiva, precisa melhorar a sua atitude e, em seguida, com certeza, melhorar também sua condição física. Tem de começar a se ver como uma parte importante da vida, de seus movimentos e de seus fluxos. Se a imagem que faz a respeito de si é a de uma espécie de pontinho indefinido que se senta em qualquer lugar esperando que alguém mude o canal das circunstâncias na TV de sua vida, então tem ouvido a voz errada. Está ouvindo a voz de seu inimigo (o pai da mentira), em vez de ouvir a voz de Deus (o Autor da vida).

Você precisa saber que Deus não cria pontinhos indefinidos, e sim pessoas ativas que *vivem* a vida. A razão para a sua inatividade pode ser doença, fadiga extrema, excesso de peso ou hábitos ruins. Seja qual for, essa situação pode mudar. E a mudança precisa começar a partir de sua atitude. Você precisa saber que não foi criada para ficar sem fazer nada.

VOCÊ NÃO FOI CRIADA PARA FICAR PARADA

Deus não nos criou para ficarmos sentadas o dia inteiro debaixo de uma luz artificial, respirando ar viciado e nos alimentando de café e biscoitinhos. Ele não nos criou para dirigir o tempo todo e nunca fazer uma caminhada. Também não fomos criadas para exercitar apenas o cérebro. O corpo também deve ser usado. Quando deixamos de usar as nossas habilidades, começamos a perdê-las.

Ao deixar de fazer exercícios, você se torna uma séria candidata a problemas de coluna, postura, excesso de peso, alimentação desenfreada, doenças nos ossos, insônia, fadiga crônica, varizes, colesterol alto, dores de cabeça frequentes, hipertensão, problemas de coração, prisão de ventre, problemas digestivos, enrijecimento das articulações, dores diversas, problemas circulatórios, depressão e artrite. Todos esses males quase sempre podem ser reduzidos por meio de exercícios regulares.

A inatividade física também provoca o envelhecimento precoce. No livro *Building Health and Youthfulness* [Construindo a saúde e a juventude], Paul Bragg afirma: "Não é necessário mais do que trinta minutos de exercícios diários inteligentes para retardar o processo de envelhecimento em dez anos". Não podemos impedir o envelhecimento, mas podemos parar de envelhecer antes da hora por meio de exercícios, especialmente se conjugados com os Sete Passos para a Saúde Total. Exercícios físicos consistentes ajudarão você a enrijecer e fortalecer os músculos, livrar o corpo das impurezas e retardar o processo de envelhecimento.

Estudos recentes demonstram que cinco em cada dez mortes são prematuras, e que uma alta porcentagem de pessoas na casa dos quarenta ou cinquenta anos demonstram sinais de envelhecimento precoce. Sem dúvida, há uma ligação clara entre o envelhecimento precoce e a morte prematura, e a falta de exercícios é uma das principais causas.

É óbvio que o exercício regular faz parte da maneira como devemos viver. Não precisamos viver pensando em uma eventual perda das faculdades mentais, doenças, fragilidades, dores, imobilidade ou inutilidade. Não fomos criados para viver assim. Na verdade, se você buscar dentro de si as razões pelas quais foi criada para ser quem é e fazer o que faz, descobrirá com certeza que não foi para a inatividade. Quando fizer essa descoberta e se convencer da sua veracidade, isso afetará toda a sua vida.

Tire as impurezas de sua vida

Todo tipo de exercício ajuda o corpo a fazer três coisas muito importantes: eliminar os venenos, aumentar a circulação e fortalecer os músculos. Sem exercício, as impurezas não podem ser eliminadas da maneira certa, o sangue não circula direito, os órgãos internos ficam inativos e os músculos parados atrofiam. Essas são as principais razões pelas quais você deveria fazer exercícios físicos adequados.

Quando uma pessoa adere a algum tipo de ginástica, ela respira mais fundo e inala mais oxigênio. Esse oxigênio entra no fluxo sanguíneo através de minúsculos vasos no pulmão. O coração bombeia mais sangue, que leva o oxigênio para o restante do corpo. Nesse momento, as toxinas e outras impurezas, na forma de dióxido de carbono, são removidas do fluxo sanguíneo e expelidas de volta através do pulmão, durante a expiração. Quanto mais oxigênio houver em seu corpo, mais puro será o fluxo sanguíneo. Lembre-se: "A vida está no sangue", e a boa saúde está no fluxo sanguíneo. Quando o sangue está limpo, a doença não pode se desenvolver ali.

Uma das principais razões para nos exercitarmos é que os venenos e as toxinas são eliminados do organismo por meio desse processo. Quanto mais envelhecemos, maior deve ser a preocupação com a inatividade. Quando o ritmo dos processos de seu corpo diminui, há um aumento de impurezas e toxinas que podem torná-la séria candidata a doenças.

Exercícios físicos também constituem a chave da boa circulação. Quando o sangue não circula bem, os órgãos internos também ficam comprometidos. Por exemplo, se os rins não estão trabalhando da maneira como deveriam, a quebra e a remoção do ácido úrico são prejudicadas. Isso significa que determinadas toxinas não serão completamente eliminadas do organismo.

Pelo fato de a circulação melhorar muito quando a pessoa faz ginástica, os exercícios físicos permitem que mais sangue com oxigênio passe pelo cérebro. Considerando que o cérebro afeta todos os órgãos, é razoável supor que alimentá-lo bem é proveitoso para todo o corpo. As endorfinas, substâncias no cérebro que reduzem a dor e produzem a sensação de euforia, são diretamente influenciadas pelos exercícios físicos. Os níveis de endorfina sobem bastante depois dos exercícios físicos, e essa pode ser a razão pela qual as cólicas menstruais e outros problemas de dor são aliviados ou eliminados de vez quando a ginástica se torna uma atividade regular na vida de uma pessoa.

Além de eliminar as substâncias tóxicas e aumentar a circulação, os exercícios fortalecem o músculo do coração. O coração não pode funcionar sem oxigênio. Quando o músculo do coração está enfraquecido, ele não consegue bombear o sangue da maneira que deveria. Mas quando a pessoa se exercita, ela fortalece o músculo do coração e, com isso, ele consegue bombear mais sangue. Sabia que o coração tem de bater mais forte e mais rápido quando você está fora de forma do que quando está em boas condições físicas? Em outras palavras, um coração saudável é capaz de bombear mais sangue com menos batidas do que um coração em má condição.

A principal razão para fazer exercícios é a saúde. Sem boa saúde, você não tem como fazer *tudo* o que o Senhor tem para a sua vida nem pode ser *tudo* o que ele quer que você seja. Eu não disse que você não consegue fazer nada. Isso não é verdade. Se o seu coração não anda muito saudável, ainda assim você é capaz de amar os outros, orar por eles, louvar a Deus, ministrar, criar, escrever, falar e trabalhar, mas não pode fazer essas coisas tão bem quanto poderia se estivesse em melhores condições físicas.

Você não gostaria de se sentir melhor? Não preferiria ter um sangue mais limpo e um corpo mais forte e saudável que não a frustasse quando fosse exigido? Não gostaria de sair para ajudar outras pessoas, em vez de ficar em casa, na cama, cuidando de sua gripe, alergia, coluna ou, de maneira geral, alimentando um corpo preguiçoso, letárgico,

Terceiro passo: Exercícios apropriados 109

fatigado? É claro que sim! Pense nos exercícios físicos como um método insubstituível para livrar o corpo das impurezas e fraquezas que poderiam fazer de você uma pessoa inválida. Cuide da saúde. Você deve isso a Deus e às pessoas a quem ama.

A FORÇA DE UM CORPO FIRME

Você já teve medo de oferecer o ombro para uma amiga chorar por achar que podia deslocá-lo? Já resistiu à ideia de lavar os pés dos outros porque, da última vez que tentou se ajoelhar, não conseguiu se levantar de novo por três semanas? Será que já houve alguma vez em que você desistiu de oferecer seu casaco a outra pessoa porque receava ter um espasmo muscular ao fazer isso?

Há muito a ser dito a respeito da necessidade de ter um corpo forte e flexível. Se os ligamentos que unem um osso a outro continuarem flexíveis, você poderá se mover com liberdade e seu corpo não a frustará quando mais precisar dele. Quando deixa de usar os músculos, as juntas e os tecidos conectores, eles perdem a elasticidade. Quando os músculos são fortes, eles sustentam os ossos e os órgãos internos no devido lugar; quando são fracos, porém, não seguram nada no lugar, e você acaba sofrendo com problemas de postura ruim: ombros caídos, costas curvadas, cabeça pendente, coluna torta, estômago saliente e cintura fraca. Isso tudo leva à ruptura de ligamentos, distensões musculares, luxações, dores e deslocamentos constantes.

Muitos desses problemas começam com a postura inadequada. Para manter uma boa postura, você precisa de um organismo limpo, bem nutrido e exercitado. As pessoas costumam sentir-se cansadas demais para ficar de pé ou se sentar com a coluna ereta. Por essa razão, o corpo precisa ser desintoxicado, bem alimentado e exercitado para manter a força. Boa postura também é uma maneira de estimular os órgãos internos a se manter nos devidos lugares e trabalhar de modo mais eficiente.

O segredo da saúde total

A força do corpo depende do coração, e o que afeta o coração — em termos espirituais, emocionais e físicos — também afeta todo o restante. Quando o coração não trabalha direito, não bombeia tanto sangue quanto deveria e o corpo inteiro é afetado. O coração pode ser treinado e fortalecido, como qualquer outro músculo. Na verdade, uma das principais razões para fazer exercícios é o fortalecimento do coração.

Milhões de pessoas sofrem de problemas na coluna. Quando um simples movimento, como se virar, curvar ou esticar para fazer alguma coisa provoca dores nas costas, isso nada mais é do que a gota que faltava para um problema maior se manifestar. Pode ter certeza de que o problema já estava se formando havia muito tempo. Estresse, excesso de peso e falta de exercícios preparam o terreno para os males da coluna.

Das pessoas com problemas crônicos de coluna, 65% não fazem exercícios habitualmente nem fizeram nenhum tipo de ginástica nos últimos anos. A maioria delas também costuma estar acima do peso ideal. Quando uma pessoa não pratica exercícios com regularidade e pesa mais do que deveria, os músculos do estômago ficam fracos e a postura sofre. Isso causa contração nos músculos das costas e, com o tempo, o corpo não consegue mais ser sustentado por eles. Os maus-tratos cobram o preço. O peso excessivo e a falta de ginástica é um convite a problemas na coluna.

Quando o corpo é exercitado, fortalecido, flexível e rijo, você tem mais chances de poder servir outras pessoas. Com ombros fortes e músculos do braço bem firmes, é possível carregar a mala da vovó até o quarto de hóspedes quando ela a visita, em vez de *ela* ter de carregar *você* porque ficou com dor nas costas ao tentar abrir a porta do carro. Se os músculos das pernas, das coxas, da panturrilha e dos glúteos estiverem bem desenvolvidos, você será capaz de caminhar aquela milha extra com seu irmão sem ter um ataque do coração e ter de pedir para ele terminar a jornada sozinho. As possibilidades de seu ministério são ilimitadas quando você tem um corpo que não a frustra.

EXERCÍCIOS ORGANIZADOS

> O exercício físico é de pouco proveito; a piedade, porém, para tudo é proveitosa, porque tem promessa da vida presente e da futura.
>
> 1Timóteo 4:8

Esse texto das Escrituras é um dos que me induziram a produzir meu primeiro vídeo sobre ginástica e começar a dar aulas a respeito do tema. Jesus ensinou que o alimento espiritual tem maior valor do que o físico, mas ele nunca disse que deveríamos parar de comer. Segundo a mesma lógica, em comparação com o exercício espiritual, o exercício físico é de menos proveito, mas isso não quer dizer que não devamos praticá-lo. Significa apenas que ele deve ser colocado na perspectiva apropriada em nossa vida. Ignorar a boa nutrição e o exercício físico como estilo de vida é uma tolice. Do mesmo modo, é tolice dar a essas coisas uma importância superior à que elas têm a ponto de se tornar refém delas. Isso é escravidão. Deve haver equilíbrio.

Todo mundo precisa de ginástica, não importa a idade, o tamanho ou a compleição física. O que difere uma pessoa da outra é o tipo de exercício com o qual mais se identifica e que se adapta melhor ao seu estilo de vida. Há muita coisa a se dizer a respeito de exercícios vigorosos *regulares* se a sua intenção é a de ver e sentir os resultados. O exercício regular faz de você uma pessoa mais saudável, jovial, atraente e cheia de vida, e também ajuda a colocar a vida em ordem quando ela foge do controle. O exercício regular fortalece os músculos, o coração e aumenta a resistência.

Pesquisas indicaram com segurança que há uma queda no índice de problemas do coração e enfartes entre pessoas que fazem ginástica com regularidade e vigor. Hoje sabemos que o exercício regular não apenas aumenta o tempo como também a qualidade de vida.

Imaginemos que você concorda que precisa de todas essas coisas sobre as quais falamos: um coração mais forte, maior flexibilidade, músculos bem firmes, mais resistência, saúde ainda melhor etc. E suponhamos que esteja convencida de que essa ginástica regular é o caminho para chegar a esses objetivos. Agora só falta se organizar. É preciso planejar.

A melhor maneira de dar início à prática do exercício físico é agendando. Assim como no capítulo 1, quando reservamos na agenda um espaço para a oração e a leitura da Bíblia (os exercícios espirituais), é preciso separar um período de tempo todos os dias para o exercício físico. É tão importante cumprir esse compromisso quanto qualquer outro. Não abra mão, seja qual for a circunstância. Tentar dividir o tempo da ginástica em vários outros menores durante o dia gera inconstância e tende a conspirar contra a disciplina. Se você não *arranjar* espaço para alguma coisa em sua agenda, nunca *terá* tempo para fazer aquilo. Decida os cinco Qs: quem, o que, qual o lugar, quando e qual a razão.

Quem

Decida se você quer fazer ginástica sozinha ou se prefere assumir esse compromisso com uma amiga. As duas opções são muito boas.

O que

Decida exatamente o que vai fazer. Pode ser aeróbica, dança, andar de bicicleta, nadar, correr, fazer caminhadas ou qualquer outro tipo de exercício vigoroso e saudável com o qual se identifica. Você deve se divertir com isso ou, pelo menos, tentar cultivar o gosto por essa atividade. Para isso, é necessário dedicar um pouco de tempo. Se o mesmo conjunto de exercícios lhe parece enfadonho, experimente outros três ou quatro. Se ficar cansada de caminhar ou correr em determinado lugar, mude para outra área. Caso a aula de ginástica comum tenha ficado muito chata, tente fazer outra de *step*, de dança ou de aeróbica.

Seja qual for a decisão sobre o que fazer, se ainda não está em uma academia, compre um livro e descubra como se exercitar de maneira correta para que não se machuque. Mesmo uma coisa tão simples quanto usar calçados inadequados enquanto corre pode causar grandes problemas em um espaço curto de tempo. Pessoalmente, gosto mais de malhar em uma turma de ginástica porque é bom contar com um instrutor, ver outras pessoas fazendo a mesma coisa me inspira, é benéfico observar a postura e o movimento diante do espelho e acho que me esforço mais quando tem alguém gritando. Meu marido, por sua vez, acha mais agradável se exercitar em um jogo como o tênis. Não importa o que seja, desde que você goste e faça com regularidade.

Ao escolher a maneira de se exercitar, é importante pensar em termos de desenvolvimento total do corpo, em vez de uma parte específica. Em outras palavras, se o seu problema é a barriga, não se limite a fazer exercícios *apenas* para perder a barriga. Essa é uma maneira não balanceada de se exercitar. Sempre exercite o corpo inteiro, tanto quanto for capaz. Caso tenha alguma restrição médica, como problemas na coluna, nos joelhos, no coração, tornozelos fracos, pressão alta, excesso de peso ou qualquer outro, veja com o médico quais os tipos de exercícios que pode e deve fazer. Se você está fora de forma e não se exercita há muitos anos, peça que ele indique um programa novo. Os exercícios ajudarão em praticamente todos os casos, desde que esteja fazendo o mais adequado ao seu perfil.

Quando

Decida quantas vezes por semana vai se exercitar e quanto tempo por dia. Não espere ver com que ânimo vai acordar pela manhã. Isso nunca funciona porque há grandes chances de você não ter ânimo para nada. "Ter ânimo" não é um bom indicativo da *necessidade* de se exercitar. Nunca tente se justificar quanto a essa questão: decida de antemão quando vai fazer ginástica e faça. *Agende seu horário de exercícios.* Os horários que você escolhe não importam, desde que sejam *constantes* e *regulares.*

Coloque em sua agenda os dias e os horários exatos em que pode fazer isso. É necessário marcar pelo menos três períodos de exercícios por semana (em dias alternados) por, no mínimo, vinte a trinta minutos de cada vez (de preferência, uma hora). Praticar um esporte que requer muito esforço ou participar de uma aula de ginástica apenas uma vez por semana é insuficiente. Você jamais conseguirá ficar em forma. Precisa ser pelo menos três vezes por semana. Dessa maneira, não terá de forçar demais.

Também no que diz respeito à hora do dia, trata-se de uma questão de preferência individual. Algumas pessoas se sentem melhor à tarde ou no início da noite, enquanto outras, como eu, são adeptas da parte da manhã, e bem cedo. Na verdade, se eu não fizer ginástica antes do meio-dia, não consigo mais fazer. Na minha casa, criamos uma rotina segundo a qual três vezes por semana eu deixava meu filho na escola, fazia uma aula de ginástica e voltava para casa antes de meu marido sair para o trabalho. Nos outros dias, ele levava meu filho à escola e, em seguida, ia jogar tênis com um amigo. Descobrimos que quando não fazíamos algum exercício, ficávamos mal-humorados, lentos e preguiçosos. Temos certeza de que vale a pena o esforço de acordar cedo e praticar exercícios, mesmo que tenhamos dormido tarde na noite anterior.

Nos dias em que não faço a aula na academia, uso meu próprio vídeo, *Exercícios para a vida*, pela manhã, antes do café. Se a sua intenção é começar o dia se exercitando, é necessário dedicar um pouco mais de tempo para o aquecimento e para permitir que o corpo desperte de vez. Não siga o jeito mais difícil (como eu fazia) de tentar pular da cama e já começar a fazer exercícios vigorosos, sob o risco de distender um músculo. A melhor maneira é acordar, tomar dois copos de água (quarto passo) e passar um tempo lendo e orando ao Senhor (primeiro passo). A essa altura, seus músculos estarão mais espertos e preparados para entrar em ação.

Se você trabalha, talvez possa frequentar uma academia na hora do almoço. Se fizer isso, perceberá como se sente mais animada e cheia de energia para o restante do dia. Muitas pessoas gostam de se exercitar à noite porque alivia a tensão, e elas dizem que ajuda a dormir melhor. Para aquelas que têm filhos pequenos ou outras razões para não sair de casa, o uso de cama elástica, esteira rolante e vídeos de ginástica é muito interessante. Mas é importante não cair na armadilha de pensar que não precisa manter uma agenda para isso. Se esse é o seu caso, mais do que qualquer pessoa você precisa se agendar, pois quando o seu horário não é estruturado, certas coisas muito importantes que deseja realizar jamais se concretizarão.

Onde

Você precisa decidir se pretende fazer exercícios em casa ou em qualquer outro lugar. Caso seja em outro lugar, decida especificamente onde será. Inscreva-se em uma academia, encontre um bom lugar para correr, agende um horário para usar a quadra de tênis ou qualquer outra coisa que precise fazer para ter acesso às instalações de que precisa.

Qual a razão

Se você precisa ser lembrada do motivo pelo qual está fazendo ginástica, leia as "quarenta boas razões para se exercitar" no final do capítulo. A não ser que tenha perdido qualquer contato com a realidade, em algum lugar dessa lista você encontrará a inspiração de que precisa.

Sempre comece aos poucos, aumente o ritmo gradativamente e nunca se esforce além de sua capacidade. Na verdade, é bom encontrar um bom equilíbrio entre o esforço excessivo e o insuficiente para fazer diferença. Toda vez que parar de se exercitar por mais de uma semana ou duas e voltar, sempre vá devagar no início até voltar ao ritmo de antes. Se você estiver totalmente fora de forma quando começar a se exercitar, é possível que sinta um pouco de falta de ar, fraqueza, tontura, náusea, movimento involuntário dos músculos, vertigem ou um aperto no peito. Se isso ocorrer, alivie um pouco o esforço que estiver fazendo. É possível que esteja indo rápido demais ou passando um pouco dos limites de resistência.

Aprenda a distinguir a dor positiva, provocada pelo uso saudável de um músculo, e a dor negativa, que é um sinal de que alguma coisa está errada. Sempre pare o que estiver fazendo se alguma coisa *parece* estar errada, pois não é difícil distender um músculo sem sentir dor imediata. Você simplesmente sentirá que alguma coisa não está certa. (É pouco provável que aconteçam coisas assim se você sempre fizer um bom aquecimento.)

Os músculos abdominais são os mais difíceis de firmar, e serão os últimos a entrar em forma em uma pessoa sem nenhum preparo que esteja começando um programa de ginástica. Por isso, não fique olhando para sua barriga todo dia no espelho, sob o risco de tirar uma conclusão precipitada de que os exercícios não estão funcionando. Espere um pouco para que os músculos abdominais comecem a se fortalecer.

Isso vale especialmente se você teve filho. Caso tenha dado à luz mais de uma vez, por favor, seja paciente com sua barriga. Ela já passou por um bocado de coisas, e isso leva tempo. Pode ser que dê a impressão de demorar muito e não fazer efeito, mas não desista, pois, com o tempo, esses músculos abdominais ficarão bem fortes.

A música sempre torna os exercícios mais fáceis. Carrego meu gravador e as fitas de ginástica comigo quando viajo, e uso pelo menos

Terceiro passo: Exercícios apropriados   117

parte desse material toda manhã. Ajuda a não perder o ritmo durante a viagem. Caso você se sinta muito dura e dolorida depois de se exercitar, não pare. Mantenha a agenda e conseguirá vencer a dor. Começar e parar a ginástica não é bom porque, desse jeito, você nunca conseguirá passar do estágio da dor. Certifique-se de que se alimentou pela última vez uma hora antes de começar. Seu sangue passa pelo estômago para digerir a comida, e em seguida ele precisa ser levado embora para carregar oxigênio para os músculos quando você se exercita. Um dos dois sofrerá se você comer e se exercitar em um espaço de tempo muito curto entre as duas atividades.

Você pode esperar resultados de um programa de ginástica regular. No entanto, para muitas é melhor não sair correndo em busca de uma balança, de um espelho ou de uma tabela para ver se está emagrecendo diariamente. Para aquelas que adoram um desafio, isso não chega a ser um problema, mas pode destruir a motivação de algumas pessoas.

Aprenda a manter a mente e o coração focados em Jesus e viver da maneira dele, em obediência. Em breve vai notar que está se sentindo melhor e mais forte, e suas roupas vão caber para deixá-la mais atraente. Apenas continue fazendo o que sabe ser a coisa certa sem ficar se olhando ou medindo o tempo todo. Estamos em busca de uma mudança de atitude e de estilo de vida. Quando o exercício organizado se torna um estilo de vida, os resultados com certeza chegam. Isso só não vai acontecer da noite para o dia. E não fique por aí procurando atalhos porque não há nenhum deles que não cobre seu preço depois.

Aeróbica

A aeróbica se tornou muito popular — e por uma boa razão. A palavra "aeróbica" significa, ao pé da letra, "capacidade de viver, crescer ou ser ativa somente quando existe oxigênio". Um exercício

O segredo da saúde total

aeróbico é qualquer exercício muito rigoroso e contínuo que condiciona o coração e os pulmões aumentando a entrada de oxigênio. A ginástica aeróbica trabalha o músculo do coração, tornando-o mais forte e permitindo que ele bombeie mais oxigênio para o organismo via corrente sanguínea.

Ela também faz que o metabolismo se acelere e queime calorias — um condicionamento que dura de 24 a 48 horas depois de a pessoa parar de se exercitar. Por isso, se você tem aulas de aeróbica às segundas, quartas e sextas-feiras, por exemplo, continuará queimando calorias por quase toda a semana. Quanto mais a pessoa emagrece, mais funciona, pois os tecidos magros possuem mais oxigênio do que os tecidos de gordura. Além da aula de aeróbica propriamente dita, você pode realizar outras atividades aeróbicas, como nadar, andar de bicicleta, pular corda, correr, caminhar ou pular em cama elástica.

Em uma hora de aeróbica, três vezes por semana, a pessoa consegue aumentar muito a resistência, desenvolver músculos fortes, aliviar a dor, o estresse, a tensão e a depressão, prevenir a prisão de ventre, melhorar o sono, limpar a mente e elevar os níveis de beta-endorfina no sangue. Quem pode dispensar esse tipo de ajuda? A aeróbica é uma maneira rápida e concentrada de exercitar o corpo por completo.

Continue respirando

Um dos aspectos mais importantes do exercício físico é o fato de que ele ajuda você a respirar de maneira mais adequada e profunda. Por melhorar a sua postura, ele estimula bons hábitos respiratórios mesmo quando você não está se exercitando. Por isso é tão importante se lembrar de continuar respirando enquanto você está envolvida em qualquer tipo de exercício. Nunca prenda a respiração porque, ao fazer isso, não estará recebendo oxigênio suficiente nem expelindo todas as impurezas necessárias. Lembre-se disto: respiramos para manter o sangue limpo. Quando você respira, está limpando o próprio organis-

Terceiro passo: Exercícios apropriados

mo. Através dos pulmões, você recebe oxigênio que entra no sangue e expira dióxido de carbono. Você inspira vida e expira doenças e morte. Os músculos não funcionam bem sem ar, e eles precisam de *mais* oxigênio quando são muito exigidos. Se você se esforça demais, precisará de mais oxigênio que seu coração pode providenciar. Pessoas obesas respiram com alguma dificuldade porque não conseguem receber oxigênio suficiente para todas as células extras de gordura com os pulmões em seu tamanho normal. O tamanho do pulmão não aumenta com o tamanho do corpo por causa da obesidade. É por isso que o coração faz um esforço muito grande quando tem de bombear sangue com oxigênio para 45 quilos além do normal.

Se você está se exercitando e, de repente, sente uma pontada do lado, embaixo da costela, isso pode estar acontecendo porque está prendendo a respiração ou não está respirando fundo. Os médicos dizem que a dor é provocada por um espasmo no músculo do diafragma que ocorre quando a oxigenação é inadequada, ou seja, quando o sangue não carrega para dentro tanto oxigênio nem leva para fora tanto dióxido de carbono quanto precisa.

Isso também pode acontecer quando a pessoa está fora de forma, se ela se exercita em dias muito quentes e úmidos ou em um lugar onde há mais cem pessoas fazendo ginástica e a ventilação não é suficiente. Em todas essas situações, o problema é que você não está recebendo oxigênio suficiente. Quando sente a pontada do lado, a melhor coisa a fazer é dar uma parada e respirar vagarosa e profundamente até a dor sumir.

A VIDA É MAIS DO QUE AS AULAS DE AERÓBICA

Toda pessoa tem suas particularidades, e o que chama a atenção de uma pode não ter a mesma importância para outra. Se você tem certeza de que não é muito organizada e que nunca conseguiria frequentar uma aula de aeróbica, anime-se. Você não é necessariamente uma pessoa preguiçosa, esquisita ou incapaz. É apenas diferente. Como afirma a especialista em personalidade Florence Littauer em seu livro *Personality Plus* [Personalidade mais], "o fato de [alguém] ser diferente não significa que está errado". Se você tem a noção de que a imagem que faz de si não inclui saltos em cama elástica usando roupa bem justa, então erga a cabeça, pois está em boa companhia. Eu consigo me lembrar de uma lista bem comprida de gente muito respeitável, inteligente e de bom senso que se encaixa na mesma categoria.

Não há registro algum nas Escrituras de que Jesus tivesse assistido a aulas de aeróbica. Também não há nenhuma menção a alguma doença que o tivesse acometido, e se você reparar bem perceberá que ele se valeu dos sete passos. Com certeza, seu relacionamento com Deus era correto. Comia os alimentos da maneira que Deus os criou. Bebia muita água pura. Jejuava e orava. Sabemos que ele passava bastante tempo ao ar livre e sob o sol, pois os evangelhos nos contam como ele saía com frequência para ministrar às pessoas. E descansava tão profundamente a ponto de não ser acordado nem mesmo por uma tempestade. No que se refere aos exercícios físicos, Jesus gostava de caminhar. Ele andava de todas as maneiras: subindo montanhas, descendo montanhas, na direção do mar, no deserto, indo e vindo.

Caminhante, levante agora! Não se constranja por causa das aulas de aeróbica. Você pode caminhar, sim. Não me interessa se o mundo inteiro reverencia e louva o deus dos *collants*, das roupas justas e das meias de malhação — você pode erguer a cabeça sem vergonha de nada. Está em boa companhia. Caminhar em um ritmo vigoroso aumenta os batimentos cardíacos, o que significa que você está exercitando seu coração e sua circulação. É muito benéfico para o corpo. Da mesma maneira, tem de respirar mais profundamente. Ao caminhar, certifique-se de manter a cabeça erguida, não apenas por saber

Terceiro passo: Exercícios apropriados

que merece respeito, mas também porque isso serve para alinhar a postura. Levante o peito, respire fundo e siga em passos firmes.

Algumas pessoas gostam de correr, o que pressupõe velocidade. Outras adoram fazer *jogging*, uma corrida leve que não leva em conta o tempo necessário para percorrer determinado trecho, e sim a distância percorrida. Dizem que a natação é um dos exercícios mais completos porque mexe com todos os músculos principais do corpo e obriga a pessoa a respirar fundo, devagar e de maneira controlada.

Há quem goste de usar pequenas camas elásticas (*jump*). É divertido, não ocupa muito espaço e todo mundo da família pode aproveitar. Na verdade, trata-se de uma boa maneira de começar a se exercitar, pois é possível colher muitos benefícios com pouco esforço. Essa pequena cama elástica tem mais ou menos um metro de diâmetro e é rente ao chão. Você pode pular, movimentar as pernas e até dançar. Ouvi falar de pessoas muito fracas que não podiam subir e pular em uma cama elástica, mas eram recomendadas a sentar e se movimentar sobre ela. O objetivo era estimular e exercitar os órgãos, ossos e músculos, e os resultados foram tão bons que essas pessoas se desenvolveram com rapidez e regularidade.

Andar de bicicleta é outra boa maneira de se exercitar, assim como jogar futebol ou queimada, fazer trilhas e até andar de cavalo. Nunca ache que está parada só porque está sentada sobre um cavalo e ele parece fazer todo o esforço. Quem anda a cavalo usa praticamente todos os músculos do corpo para manter o equilíbrio e o controle. E não é só isso: o estímulo dos ossos, dos órgãos e dos músculos funciona quase do mesmo jeito que a cama elástica, só que muito mais.

Todo mundo gosta mais de alguma atividade do que de outra. Não se sinta mal por detestar o *jogging* e adorar nadar, ou se nunca gostou de natação, mas curte andar de bicicleta, desde que esteja feliz fazendo aquela atividade. Não precisa frequentar aulas de aeróbica, mas você precisa se dedicar a alguma atividade.

VIDA ATIVA

Quando você assume uma atitude a favor da atividade e vai além, adotando um programa regular de exercícios por pelo menos três vezes por semana, começa a sentir que a vida se torna cada vez mais ativa. Em uma vida ativa, é natural gostar de alguma forma de atividade física diária. A melhor maneira de mudar o estilo de vida é avançar passo a passo. Neste caso, estou falando ao pé da letra. Comece caminhando sempre que puder. Anseie por essa caminhada. Alegre-se pelas oportunidades que tem de caminhar. Permita-se entusiasmar-se com o exercício.

Estacione o carro a algumas quadras do restaurante e caminhe até lá. Suba e desça escadas, em vez de usar o elevador (a não ser, é claro, que você more no último andar de um arranha-céu e esteja com compras). Quando tiver de conversar reservadamente com uma amiga, caminhe até a casa dela. Se precisa resolver um problema muito importante, saia para dar um passeio. Em dez minutos de caminhada já terá absorvido o suprimento de oxigênio necessário para o cérebro, o que lhe permitirá pensar com clareza suficiente para resolver praticamente todo tipo de problema.

Procure encontrar espaços em sua agenda para ir a pé de um compromisso ao outro, em vez de usar o carro. Isso alivia a pressão de ter de encontrar uma vaga em frente à loja ou de ter de espremer seu Toyota Corolla em um espaço onde só cabe um Fiat Uno. (Mas atenção: caminhe apenas onde você se sinta segura. Acidentes e assaltos não são nada adequados para uma vida livre de estresse.)

Tente caminhar com a família. Às vezes, depois do jantar, eu e meu marido organizávamos toda a família para fazer uma caminhada pelas colinas próximas à nossa casa. Ele dizia que calçar e vestir todo mundo requeria o dobro de exercício do que a caminhada propriamente dita. Devo admitir que a preparação às vezes pode levar mais tempo do que o exercício para quem tem crianças pequenas, mas vale a pena.

Ao voltarmos, nos sentíamos muito bem e todos dormiam tranquilamente à noite.

Eu costumava ser uma pessoa totalmente inativa. O que me mudou foi a adoção dos Sete Passos para a Saúde Total. Quanto mais saudável e forte fiquei, mais disposta me sentia para fazer as coisas. Quanto mais coisas fazia, mais queria fazer. Quanto mais ativa me tornava, menos sentia necessidade de parar. Foi um milagre. Se isso aconteceu comigo, não há dúvida de que pode acontecer com você também!

Uma nova maneira de pensar é o planejamento de eventos sociais em torno de algum tipo de atividade física. Marque uma data para fazer *jogging* três manhãs por semana com o seu marido, diga a seu filho que vai jogar bola com ele no sábado, caminhe com uma vizinha depois do jantar, dê uma volta de bicicleta no quarteirão com sua filha, convide seus amigos para nadar no fim de semana, faça trilha com pessoas conhecidas em alguma montanha. Saber que outra pessoa depende de você é uma motivação naqueles dias em que sua disposição seria apenas para sentar em frente à televisão e comer chocolate.

Ter uma vida ativa alivia muito a tensão que não consegue progredir tanto quanto acontece quando a pessoa leva uma vida de inatividade. Mesmo alguns alongamentos e exercícios respiratórios ao longo do dia fazem uma grande diferença. Lembre-se de que *tudo quanto você faz conta*. Não se torne uma pessoa parada, preguiçosa, que mal consegue se mexer. Deus não a criou para ser assim, e você não precisa se acomodar.

Atividades ao ar livre são as melhores, mas se não for possível sair de casa, coloque uma música alegre, edificante, e comece a pular, saltar, dançar, balançar ou se alongar ao som da canção. Tente fazer isso em vez de tirar aquela soneca ocasional no meio da tarde. Quando seus filhos estiverem muito agitados, falando alto e levando você à loucura, ligue o som e convide-os a se movimentar também. Isso acalmará o espírito deles e concentrará o foco na atividade e não na bagunça.

O segredo da saúde total

É bem provável que isso mude o ritmo e a aparência de todas as pessoas envolvidas.

Se você gosta de assistir à televisão, troque o filme de ação por mais ação em sua vida real. Substitua um programa por dia, colocando em seu lugar alguma forma de atividade física vigorosa.

Quando estiver de férias, tente descobrir atividades que não tem como fazer em casa, como andar a cavalo, correr na beira da praia, mergulhar, surfar, subir montanhas ou simplesmente andar para apreciar a paisagem. Quando viajar, planeje algumas atividades. Mesmo que seja uma viagem de negócios, esteja preparada para as oportunidades de se exercitar que surgirem. Sempre leve na bagagem o maiô, um moletom ou algum tipo de roupa que possa ser usada para praticar esportes em geral, além de um par de tênis. Nunca se sabe quando surgirá uma chance de usá-los.

Você tem netos ou sobrinhos que precisa conhecer melhor? Faça alguma atividade com eles. As crianças vão adorar, e provavelmente acabarão pensando: "Puxa, a vovó é muito divertida"; ou: "Mal posso esperar para visitar logo a titia". A atividade física torna a pessoa mais cheia de energia, jovial, divertida e atraente diante dos outros — especialmente adolescentes e filhos.

Haverá momentos em que você não acordará disposta a levantar para fazer nada, mas se sentirá orgulhosa depois que fizer. Quanto mais coisas boas você faz por seu corpo físico, menos será tentada a fazer coisas ruins. Se estiver cansada demais para fazer *qualquer coisa* e está tendo dificuldade para dormir, talvez seja porque precisa passar urgente por uma desintoxicação. Analise com cuidado sua dieta e os níveis de estresse, bem como a quantidade de água, ar fresco e luz do sol. Em outras palavras, recapitule todos os sete passos e veja em qual dessas áreas pode melhorar.

Comece imediatamente a mudar seu estilo de vida aos poucos. Comece a raciocinar a partir da atividade. Seus músculos foram feitos para ser usados. Você não foi criada para ficar sem fazer nada. A atividade é normal; a inatividade não é. Não espere ouvir a má notícia dentro do consultório médico para começar a se mexer. Procure fazer alguma coisa todos os dias ou planeje qualquer tipo de atividade física. Conforme aprende a ser uma pessoa ativa, você gera mais energia, e com mais energia, se torna uma pessoa mais ativa. Mas é preciso dar o primeiro passo, começar a partir de algum ponto. Permita que a atividade se torne um estilo de vida.

Você não é um caso perdido

Sei que algumas pessoas podem pensar:

"Não há a menor chance de eu mexer meu corpo em uma quadra de tênis, em um campo de futebol, em uma piscina olímpica ou em uma aula de aeróbica. Estou pesada demais. Só o fato de ter de levantar da cama pela manhã já exige um esforço muito grande. Sou um caso perdido quando o assunto é ginástica."

A maioria das pessoas que se sente assim, um caso perdido, sofre por causa da obesidade e ainda não conseguiu encontrar o segredo para tornar seu corpo mais equilibrado e íntegro de novo. Já aconselhei e orei com muitas pessoas angustiadas por causa desse problema, e me solidarizo muito com a intensa frustração e a falta de esperança que sentem. Mas posso lhe assegurar que tenho visto resultados maravilhosos, quase miraculosos, na vida de muitas pessoas extremamente obesas que conseguiram descobrir o plano de Deus para sua vida e entender como ele gostaria que elas vivessem. A maioria delas buscou a ajuda de um médico ou especialista no campo da saúde ou em métodos de emagrecimento, mas em todos os casos que geraram resultados duradouros, *nenhuma* das leis de Deus foi violada.

Em outras palavras: essas pessoas não tiveram de seguir dietas da moda, métodos estranhos ou tomar misturas esquisitas. Em todos os casos que consigo me lembrar de pessoas que seguiram uma dieta totalmente diferente do estilo de vida que proponho neste livro, a perda de peso foi temporária e, com o tempo, a pessoa voltou a engordar. Algumas delas acabaram ficando ainda piores, pois perderam mais do que o peso — também comprometeram a saúde. Lembre-se: Para perder peso saudavelmente não existem atalhos.

Toda vez que queremos chegar à raiz de algum problema, devemos sempre olhar a Bíblia para encontrar a resposta. Ela nunca poderá ser encontrada no mundo. A Bíblia afirma: "E Adão não foi enganado, mas sim a mulher que, tendo sido enganada, tornou-se transgressora" (1Tm 2:14). Satanás ofereceu a fruta a Eva e não a Adão porque sabia que a mulher é enganada com facilidade. Foi por essa razão que Deus estabeleceu o papel do marido como responsável pela proteção da família e cabeça da esposa.

As mulheres costumam dar ouvidos àquela voz em sua cabeça e acreditar no que ela diz. A parte boa disso é que estamos mais aptas a ouvir quando Deus fala conosco. O ruim é que temos a mesma facilidade para ouvir a voz do Diabo. De maneira geral, eu diria que as mulheres geralmente ouvem e respondem a Deus mais rápido que os homens. O homem é mais lento para responder a qualquer voz. No entanto, essa característica feminina *só* é boa se você está respondendo à voz certa. Para fazer isso, é preciso passar tempo suficiente na presença do Senhor em oração e na leitura da Palavra. *Diariamente.* Assim, a mulher será capaz de discernir as vozes que ouve. Será a voz do Diabo ou a voz do Senhor?

Nós, mulheres, precisamos tomar cuidado especial para não sermos enganadas por Satanás, que tenta nos fazer acreditar nas mentiras que diz a nosso respeito. Não dê ouvidos a palavras como: "Você é gorda demais, nunca vai perder peso, não consegue mudar, é um caso perdido, é feia, é velha, é um fracasso. Para que se exercitar? Você não vai conseguir mudar nada".

Será que isso se parece com a voz de Deus, revelando a sua vida? É claro que não! Trata-se da voz do destruidor. Mentiras, nada além de mentiras! Rotular uma pessoa é uma coisa diabólica. Não dê ouvidos. Fique atenta para discernir a voz que está ouvindo. Lembre-se de quem é a fonte de desestímulo e não permita que ela a impeça de ser tudo quanto Deus deseja para a sua vida.

No entanto, é possível que o fato de dar ouvidos à voz errada e acreditar nas mentiras que ela diz a seu respeito tenham sido os fatores que levaram você à condição em que se encontra. A primeira ginástica que você precisa fazer imediatamente está na área do desejo. Comece a dizer: "*Não vou* mais acreditar nas mentiras a meu respeito" ou "Não preciso me ver como uma pessoa presa a um corpo gordo" ou ainda "Não sou um caso perdido".

Converse com um médico e ele lhe dirá que pessoas com excesso de peso enfrentam mais problemas de saúde e risco de morte prematura do que aquelas que estão dentro do peso ideal. Deus não criou você para viver doente nem para morrer antes da hora. Esse é um conceito diabólico. Mas não é tarde demais. Você perceberá uma grande diferença em seu corpo inteiro em apenas três meses se seguir corretamente os Sete Passos para a Saúde Total.

Se você precisa perder peso, seu metabolismo *tem de* ser estimulado a queimar calorias mais rápido do que o costume. Ginástica é fundamental. O EXERCÍCIO FÍSICO É TÃO IMPORTANTE PARA PERDER PESO QUANTO A PRÓPRIA DIETA. Ele desenvolve o tecido muscular, e quanto maior a massa muscular, mais alto o seu metabolismo. Quanto mais alto o seu metabolismo, mais calorias ele consegue queimar. Se você se exercita e queima mais calorias do que ingere quando come, perderá peso. Esqueça aparelhinhos, agasalhos, pós, pílulas, roupas sintéticas, dietas da moda, cintas e outras bobagens. Pode ter certeza de que o peso extra vai voltar assim que parar de usá-las. Você precisa de um *estilo de vida* coerente e manter o peso e a saúde no nível máximo *o tempo todo*.

O segredo da saúde total

A melhor maneira de perder peso ou controlá-lo é comer os alimentos como Deus os criou, fazer exercícios diários e observar os outros passos. Quando alguém opta por dietas para emagrecimento acelerado, perde água e tecido muscular. Aí, quando volta a ganhar peso, é com a gordura. Com isso, a pessoa acaba ficando ainda mais gorda que antes, tornando-se mais cansada e menos ativa. Quando a pessoa se exercita e come adequadamente, isso não acontece. O segredo é comer menos, mas se alimentar com produtos de melhor qualidade e fazer mais ginástica. Como o exercício físico suprime o apetite, ela acaba comendo menos. A ginástica *não* estimula o apetite, como algumas pessoas acham. No entanto, é fundamental comer corretamente porque, se isso não acontecer, você não terá a força de que precisa.

Já vi pessoas se exercitando como loucas durante anos, mas nunca mudaram seus hábitos alimentares. O resultado nunca passava da metade do que elas desejavam. Também testemunhei muita gente fazendo uma dieta atrás da outra, ou mesmo jejum e dieta, sem alcançar nenhum progresso duradouro porque não praticaram exercícios. O metabolismo delas quase chegou ao ponto de parar por causa do excesso de peso, e sem exercícios para fazê-lo continuar funcionando, nada aconteceu.

Ao se exercitar, você pode até aproveitar e comer um pouco mais, sabendo que esse alimento será transformado em energia, não em gordura. Se você fizer alguma atividade todos os dias, não importa qual seja, acabará vivendo uma vida ativa e com menos peso.

Lembre-se de que, quando você faz ginástica, *o músculo tonifica e a gordura é queimada*. É sempre assim que acontece. Uma mulher que estava uns 20 quilos acima de seu peso ideal me procurou depois de uma de minhas aulas de ginástica e disse: "Não quero ficar fazendo exercícios até emagrecer porque tenho medo de que só consiga endurecer minha gordura". Fiquei rindo do que ela disse, mas só até

Terceiro passo: Exercícios apropriados

lembrar de que durante certo tempo eu mesma também cheguei a acreditar naquilo. É uma preocupação real para muita gente, mas posso garantir que isso é *impossível*: gordura e músculos são duas coisas separadas e sempre serão, não importa quanto a pessoa esteja acima do peso.

Os músculos sempre nos acompanham. Podem ser fracos ou fortes. A gordura, porém, nem sempre está no corpo. Ela pode ir e vir, dependendo de como você trata o seu corpo. Quando você faz exercícios, os *músculos tonificam e a gordura é queimada*. É por isso que a perda de peso não aparece muito quando começa a se exercitar, pois os músculos estão se firmando ao mesmo tempo que a gordura está desaparecendo.

Se você é uma daquelas pessoas que sobem na balança todos os dias, pode ficar transtornada ao tentar acompanhar o seu progresso diariamente enquanto se exercita. A primeira impressão será a de que não está chegando a lugar nenhum, pois se mata na academia ou em casa e o ponteiro da balança parece ter estacionado. Repito: pare de olhar para a balança, de consultar tabelas, de seguir um monte de conselhos, de acompanhar índices, de fazer medições e de ficar ansiosa demais.

Olhe apenas para o Senhor e para os caminhos divinos. Preocupe-se em manter a disciplina para viver do jeito que deve. Faça a coisa certa e perderá peso sem sequer notar. Não se preocupe caso não perceba nenhum progresso na balança quando começar a fazer ginástica. Isso acontece porque seus músculos estão tonificando e se tornando mais firmes. A gordura vai diminuir, não esquente a cabeça. Concentre-se mais em descobrir se está começando a se sentir mais à vontade nas roupas, em vez de ficar olhando para o ponteiro.

Posso dizer com toda a sinceridade que nunca conheci uma pessoa que se exercitasse e permanecesse obesa por muito tempo. Gente obesa não gosta de fazer ginástica porque levar o peso extra de um lado para o outro requer delas um grande esforço físico. Muita gente obesa se considera inativa quando, na verdade, é o peso que as faz sentir assim.

Para uma pessoa magra, é fácil ser ativa, mas não para quem está muito acima do peso ideal. No entanto, se você começar a se mexer, mesmo que se limite a caminhar, seu metabolismo será diretamente beneficiado. Quanto mais você se dedicar a alguma atividade física, mais disposta se sentirá para continuar. Mas *você precisa dar o primeiro passo* e *não pode relaxar.*

Atenção! Atenção! Atenção! Repita comigo: Eu NÃO POSSO PERDER PESO DE MANEIRA SAUDÁVEL E MANTER O PESO SEM PRATICAR ALGUM TIPO DE EXERCÍCIO. Quero que você se convença de que, se precisa mesmo perder peso e não está exercitando o corpo inteiro com regularidade, isso nunca vai acontecer. Bob e Yvonne Turnbull fazem uma afirmação maravilhosa no livro *Free to Be Fit* [Livre para estar em forma]:

> A gordura não está presente apenas no abdome, no quadril, nos glúteos ou nas coxas. Ela está no corpo todo. A única maneira de fazê-la desaparecer de uma região específica é quando a demanda do corpo por caloria é tão grande que a gordura precisa ser queimada, como se fosse combustível.

Considero essa declaração tremendamente libertadora. Ela combina muito bem com minha cruzada pela simplicidade. Você não tem de se preocupar com a parte interna das coxas, com os glúteos, com a barriga ou com o quadril. Concentre-se apenas em exercitar o corpo inteiro e a gordura desaparecerá, onde quer que esteja localizada.

No entanto, se você quer que isso tudo aconteça com rapidez, corre sério risco de se decepcionar, pois leva tempo para o corpo fazer todos os ajustes de que necessita enquanto perde peso. Cada pessoa reage de maneira diferente. Seja paciente e continue fazendo o que sabe ser a coisa certa. Conforme envelhecemos, passamos a comer *menos* e a precisar *mais* de exercícios, pois nosso metabolismo baixa o ritmo. A razão pela qual algumas pessoas ganham peso à medida que envelhecem é porque continuam comendo a mesma quantidade de comida do tempo em que eram mais jovens, mas praticam menos atividades.

Se você está mais de 15 quilos acima do peso, procure um médico e peça que ele avalie sua saúde, especialmente no que diz respeito à condição de seu coração. Se você estiver bem, comece a comer os alimentos da maneira que Deus os criou, elimine todos os itens da lista de alimentos a serem evitados e comece a caminhar diariamente. É só isso! Não se preocupe com a perda de peso imediata. Concentre-se em ficar mais saudável e criar bons hábitos alimentares. Siga rigorosamente os sete passos.

Então, depois de um mês de boa alimentação (ou dois meses, se você é uma pessoa que gosta de lanchinhos e, por isso, precisa recuperar a boa saúde), comece a cortar as porções de alimentos que fazem ganhar muito peso, como carne, pão e derivados do leite. Lembre-se: a ideia é diminuir a quantidade, mas não passar fome. Conforme diminuir as porções, comece a aumentar a atividade física. É importante que você faça alguma coisa por, pelo menos, vinte minutos diários.

Repita comigo: PRECISO APRENDER A VALORIZAR MEU CORPO EM NOME DE TODAS AS COISAS QUE POSSO FAZER, E NÃO POR CAUSA DA APARÊNCIA. Se o seu corpo é suficientemente saudável para tomar conta de uma casa, criar filhos, realizar algumas tarefas a cada dia, ministrar às necessidades de outras pessoas, manter a alegria, lembrar aos amigos das boas qualidades que eles possuem e não conseguem ver, dedicar-se a quem precisa de você e fazer a vida mais bonita por causa de seu toque especial, então se alegre em todas essas coisas.

Comece a vislumbrar uma vida de atividade e exercícios regulares como uma oportunidade de formar reservas de energia, obter boa saúde e mantê-la. Você foi criada de um modo maravilhoso e impressionante. Aprenda a amar o corpo que Deus lhe concedeu. Se tratá-lo de maneira displicente, a culpa não será do Senhor. Mas as misericórdias do Pai são grandes, e ele nos dá um corpo capaz de se restaurar, normalizar e equilibrar por conta própria se vivermos da maneira que Deus planejou.

Por isso, não importa qual seja a sua aparência, há esperança. Na verdade, como eu disse antes, você pode ter um corpo novinho em folha em dois anos, se aprender a viver de acordo com os caminhos de Deus e seguir os Sete Passos para a Saúde Total. Você não é um caso perdido!

QUARENTA BOAS RAZÕES PARA ACORDAR E SE EXERCITAR

O exercício regular pode proporcionar muitas coisas. Acompanhe a lista a seguir e marque as alternativas com as quais você mais se identifica. Releia quando sentir que está hesitando entre se exercitar ou não. Com certeza, alguma coisa nessa lista tem tudo a ver com as suas necessidades.

Quarenta boas razões para se exercitar:

1. Aumentar a resistência.

2. Ficar menos suscetível a doenças.

3. Fortalecer os músculos do coração.

4. Aprimorar a compleição física.

5. Reduzir a tensão e capacitá-la a lidar com o estresse de maneira mais eficaz.

6. Ajudá-la a perder peso e se manter na faixa ideal.

7. Ajudar a prevenir a prisão de ventre.

8. Levantar o ânimo.

9. Melhorar o sono.

10. Clarear a mente e torná-la uma pessoa mais alerta à medida que melhora o fluxo sanguíneo que alimenta o cérebro com oxigênio.

11. Aliviar a depressão.

Terceiro passo: Exercícios apropriados

12. Elevar os níveis de beta-endorfina em seu sangue, o que reduz a dor.

13. Fazer seu sistema nervoso funcionar de modo mais eficiente.

14. Aumentar a autoestima, a confiança e o senso de valor.

15. Facilitar a carga de trabalho do coração à medida que os músculos passam a usar o oxigênio de maneira mais eficiente.

16. Aliviar os sintomas da menopausa.

17. Aliviar dores de cabeça causadas pela tensão.

18. Diminuir problemas na coluna à medida que os músculos do abdome são fortalecidos.

19. Reduzir as dores no pescoço e nos ombros.

20. Purificar o sangue.

21. Ajudar o processo digestivo.

22. Retardar o envelhecimento precoce.

23. Aumentar a flexibilidade.

24. Aliviar as cólicas menstruais.

25. Reduzir as varizes.

26. Aliviar a artrite.

27. Combater vícios.

28. Diminuir o colesterol.

29. Aliviar a hipertensão.

30. Equilibrar o metabolismo.

31. Ajudar a perder peso.

32. Melhorar a sua postura e aparência geral.

33. Eliminar a fadiga crônica.

34. Dar mais força.

35. Colocar o corpo em forma de maneira que fique bem em qualquer roupa.

36. Melhorar a circulação.

37. Estimular os processos de absorção e eliminação.

38. Fazer de você uma pessoa mais alegre.

134   O segredo da saúde total

39. Fazer que sua medula óssea aumente a produção de células vermelhas e o volume de sangue.

40. Ajudá-la a controlar o apetite.

O PROPÓSITO DA DEVOÇÃO

Existe uma relação óbvia entre as palavras "discípulo" e "disciplina". Deus nos convoca para ser discípulos e nos preparar para seus planos e propósitos maravilhosos. Uma das maneiras pelas quais ele faz isso é por meio da disciplina. Uma disciplina simples, como exercícios regulares, ajuda a estabelecer outros tipos de disciplina nas diversas áreas da vida.

A disciplina física pode conduzir à disciplina espiritual. Uma influencia a outra. E a disciplina espiritual culmina em serviço ao Senhor. Fomos criados para servir um Deus amoroso, cuidadoso e perfeito. Trata-se de um grande chamado, e podemos cumpri-lo melhor se dispusermos de um corpo forte e saudável. (Repare que não estou me referindo a um corpo magro que fica bem em um biquíni.) A razão pela qual você precisa se exercitar é a sua saúde. A razão pela qual você precisa se disciplinar é cumprir o propósito da devoção.

Quando você fica preocupada demais com a imagem que tem diante das outras pessoas, perde muito de seu poder para ministrar. Se vive sempre nervosa por causa da sua aparência ou do que lhe falta, não consegue ser livre para se concentrar naquilo que *outras* pessoas estão sentindo e o que *elas* estão precisando. Nossas inseguranças são pecaminosas porque não magoam apenas a nós, mas também aos outros. O exercício físico regular pode minimizar algumas dessas inseguranças.

Lembre-se, porém, de que o inimigo não quer vê-la disciplinada. Ele enxerga a implicação espiritual do que você está fazendo e tentará minar todos os seus esforços oferecendo a tentação de voltar aos velhos hábitos que estão mais de acordo com o plano dele. Se você tem pensado: "Sou um fracasso, pois nunca fiz nada com a minha vida nem tenho um ministério de fato", então está dando ouvidos à voz errada mais uma vez. Você precisa saber que é tão importante para Deus quanto qualquer evangelista da televisão, qualquer apresentadora, qualquer escritora, qualquer pintora, qualquer orador ou qualquer pastor.

Nenhum ministério é melhor do que outro. Veja bem, não temos ideia do que alcançamos quando Deus nos usa. Tenho sido abençoada pela simples existência de algumas pessoas. Elas não precisam fazer nada para mim: só o fato de vê-las e saber que estão vivas é suficiente para proporcionar alegria e força à minha vida. Você também pode representar muito para outras pessoas.

Não tente encontrar um grau de importância para sua vida — Deus não tem um sistema de classificação. Ele não critica o seu ministério para depois passar um relatório. Tudo o que você tem de fazer é segui-lo com empenho e ele determinará o seu ministério, seja ele qual for. Não fomos *todos* criados para sermos missionários na China (imagine como aquele país ficaria lotado se isso acontecesse!). Não importa qual seja o seu ministério, ser disciplinada no que concerne ao cuidado com o corpo também faz parte desse processo.

No livro *Fun to Be Fit* [É divertido entrar em forma], Marie Chapian declara: "Você jamais terá o corpo que o Senhor deseja que tenha sem ter também a mente de Deus". Isso é verdade. Você precisa ter a mente *dele* para manter-se equilibrada, motivada, disciplinada, livre do orgulho e determinada. Ao buscar a mente de Deus, ele falará com você sobre a mudança de seu estilo de vida. Quando ele falar sobre alguma coisa que você esteja fazendo errado (comer demais?) ou deixando de fazer (ginástica?), não ignore a voz do Senhor. Ele chama *todos* à obediência, e *obediência é um hábito saudável*. Acredite quando digo que você se sentirá melhor em todos os sentidos se for obediente.

Seja obediente em nome do propósito da devoção. Deus está preparando você para alguma coisa boa, por isso não se acomode por nada menos do que aquilo que ele planeja para a sua vida. Não subestime seu potencial, pois tem potencial em nome de Jesus. Entregue-se totalmente a ele e se disponha a pagar o preço da disciplina e da obediência. É um preço muito pequeno, em comparação com as grandes recompensas. "Quem acolhe a disciplina mostra o caminho da vida..." (Pv 10:17).

VOCÊ PRECISA SE CONVENCER

Todos os músculos do corpo foram criados para serem usados. Na verdade, se você não se exercita, abandona o corpo à própria sorte. Isso não é bom. O exercício regular ajudará a estabelecer disciplinas saudáveis que lhe proporcionarão energia e promoverão paz e bem-estar. Quero ajudar você a tornar o exercício físico um estilo de vida, e não alguma coisa que tenha de lutar para fazer.

Não vou dizer a você especificamente como fazer determinados exercícios nem onde pode comprar bons tênis de corrida. Há muitos livros excelentes sobre esses assuntos. O meu objetivo com este capítulo é convencê-la de que precisa se exercitar e que isso deve se tornar um estilo de vida. Cada um dos sete passos precisa integrar sua maneira de viver.

Dei ao vídeo de aeróbica o título *Exercícios para a vida* não apenas porque ajuda a aumentar o tempo de duração e a qualidade de sua vida, mas também porque o exercício físico é algo para durar a vida inteira.

Alguns dizem que são necessários 21 dias para o estabelecimento de um hábito para o resto da vida. Outros falam em dez semanas. Para os propósitos deste livro (há muitos elementos diferentes envolvidos nos sete passos), dê a si mesma o prazo de três meses para estabelecer bons hábitos e veja o surgimento de uma nova pessoa.

Tornar-se saudável não precisa ser um processo penoso, doloroso ou mesmo chato. Você encontrará grande alegria em viver do jeito que Deus planejou e logo descobrirá as vantagens maravilhosas que esse estilo de vida proporciona. Mas precisa se convencer de que nenhum dos Sete Passos para a Saúde Total pode ser negligenciado, incluindo o exercício físico. Todos trabalham juntos para tornar você mais saudável, jovial, atraente e cheia de vida.

Palavras verdadeiras

"Acaso não sabem que o corpo de vocês é santuário do Espírito Santo que habita em vocês, que lhes foi dado por Deus, e que vocês não são de si mesmos? Vocês foram comprados por alto preço. Portanto, glorifiquem a Deus com o seu próprio corpo."

1CORÍNTIOS 6:19-20

"Certamente morrerá por falta de disciplina; andará cambaleando por causa da sua insensatez."

PROVÉRBIOS 5:23

"Como a cidade com seus muros derrubados, assim é quem não sabe dominar-se."

PROVÉRBIOS 25:28

"O SENHOR vê os caminhos do homem e examina todos os seus passos."

PROVÉRBIOS 5:21

"Dá-me entendimento, para que eu guarde a tua lei e a ela obedeça de todo o coração."

SALMOS 119:34

"O SENHOR cumprirá o seu propósito para comigo."

SALMOS 138:8

"E não nos cansemos de fazer o bem, pois no tempo próprio colheremos, se não desanimarmos."

GÁLATAS 6:9

quarto passo

Muita água

Depois de anos de pesquisa, uma descoberta chocante foi feita em 1982. Ela foi publicada em um artigo intitulado "Pesquisadores descobrem que a água é a bebida perfeita". Veja que boa notícia. Agora vem a notícia ruim: gastaram 3 milhões de dólares nesse estudo. Eu não precisei gastar nem perto disso para aprender que Deus não criou o refrigerante, o café, os sucos industrializados, o uísque ou a cerveja. Ele fez a água. Na verdade, o corpo que Deus nos concedeu é composto de aproximadamente 85% de água. Toda célula e todos os tecidos, fluidos e secreções do corpo contêm um alto porcentual de água. É por isso que o ser humano pode ficar meses sem comida, mas não sobrevive por mais de uma semana sem água.

Se essa água permanecesse no corpo, não haveria grandes necessidades de reabastecê-lo o tempo todo. Acontece que o corpo perde água constantemente por meio dos processos comuns da vida. Portanto, qualquer programa de desenvolvimento da saúde deve levar em consideração a necessidade constante que o corpo tem de água.

A água está envolvida em cada processo do corpo humano, incluindo a digestão, a absorção, a circulação e a eliminação. É o principal meio de transporte dos nutrientes *através* do corpo, e é essencial para eliminar os venenos dele — sem água, nenhuma dessas coisas poderia acontecer. Com pouca água, esses processos são ineficazes. Ela ajuda a regular todos os processos corporais e a temperatura do corpo.

A água corresponde a quatro quintos de nosso sangue. Portanto, se queremos ter um sangue limpo e permanecer livres de doenças, temos de contar com um bom suprimento de água o tempo todo. Precisamos da água para substituir o que foi perdido e mandar embora o que não precisamos mais. Sem ela, certas toxinas não seriam eliminadas.

Esse lixo tóxico é eliminado do corpo pela ação de quatro órgãos principais: a pele (transpiração), os pulmões (expiração), os rins (urina) e os intestinos (excrementos). Esses quatro órgãos precisam de muita água pura para cumprir de maneira eficiente seu papel. Quando você bebe muita água, todos os órgãos e tecidos são lavados, eliminando as toxinas. (Em média, uma pessoa perde cerca de três quartos de água por dia só por meio desses processos naturais.)

Em segundo lugar, mas bem perto do oxigênio, a água é um importante elemento para garantir a sobrevivência. Nada que tem vida pode sobreviver sem ela. Até mesmo o oxigênio que respiramos não pode ser absorvido pelos pulmões se não houver umidade nele. Se o organismo *perde* muita água, pode se desidratar. Essa é a razão de ser tão perigoso para os bebês terem diarreia, seja qual for o tempo que ela dure. Eles são pequenos e não conseguem suportar muita perda de água, pois uma porcentagem muito alta de seu peso se vai.

POR QUE BEBER ÁGUA?

Você deve estar pensando: "Todo mundo sabe beber água". Mas permita-me perguntar: você bebe dois litros de água fresca e pura por dia? (Corresponde a quase sete copos de 300 ml.) Sabe dizer a quantidade que bebe diariamente? Bebe *qualquer* tipo de água? Embora haja água na comida, nos sucos e no café, não é a mesma coisa que a água pura. Só ela não muda quando entra no organismo. Ela entra, faz o que tem de fazer e sai sem mudar a sua forma. Se adicionar qualquer coisa à água (por exemplo, comida ou um suco), o corpo separa as

Quarto passo: Muita água

duas coisas, e o efeito não é exatamente o mesmo. Daí o motivo de a água ser a bebida perfeita. Nada mais faz o que ela é capaz.

QUANTA ÁGUA É SUFICIENTE?

Como o corpo perde água constantemente, você precisa manter um suprimento regular. A média de água que deve entrar no organismo é de aproximadamente sete copos de 300 ml por dia. É claro que, se você for muito magrinha, gordinha, viver no deserto, se esforçar muito no trabalho, se exercitar, correr uma maratona, voar ou seja lá o que for, sua necessidade de água pode ser maior ou menor, mas a diferença para a média não será muito grande.

Aqui está um jeito bem fácil de se lembrar de beber água suficiente o tempo todo. Beba 600 ml (dois copos de 300 ml) de água quatro vezes por dia:

1. 30 a 45 minutos antes do café da manhã.
2. 30 a 45 minutos antes do almoço.
3. 30 a 45 minutos antes do jantar.
4. 30 a 45 minutos antes de dormir.

Dessa maneira, só terá de se lembrar de beber água quatro vezes por dia. Você decide se bebe tudo a cada vez ou se o faz aos poucos.

Por favor, comece medindo a quantidade de água. Use um copo com marcação de medidas para fazer isso ou coloque 300 ml em sua jarra favorita e faça uma marca. Assim, poderá sempre medir corretamente. Ou então faça como o meu marido: ele enche uma garrafa plástica de dois litros e carrega aonde vai. Até o fim do dia, bebe todo o conteúdo.

A razão para fazer isso é que a sede não é o melhor indicativo da necessidade de água do corpo. Por causa disso, os médicos recomendam a ingestão *programada* de água para garantir a hidratação adequada. Nossos indicadores de sede ficam prejudicados por conta de todas as outras coisas que bebemos, e pouca gente consegue avaliar bem a quantidade de água que ingere. Não vai demorar muito para que você adote esse hábito, mas ainda assim deve checar de tempos em tempos para ver se está bebendo água suficiente. A regra básica é: NÃO BEBA ÁGUA A PARTIR DE MEIA HORA ANTES DAS REFEIÇÕES NEM DURANTE DUAS HORAS DEPOIS.

Sempre nos dizem que não se deve beber água *com* as refeições porque isso dilui os sucos digestivos. Mas se você beber água da maneira que sugeri, quando sentar à mesa para uma refeição, não terá sede porque ela já foi saciada. Talvez precise beber alguns goles durante a refeição, mas por isso não precisa se preocupar.

Se você é uma daquelas pessoas que têm dificuldade em engolir água pura, pingue algumas gotas de suco natural de limão ou de laranja. Lembre-se: apenas algumas gotas. É só para tornar a água mais palatável. Do mesmo modo, pessoas que sentem náusea — ou sentem mal-estar pela manhã — também encontrarão dificuldade para beber água. Não force muito. Tente misturar quantidades iguais de água e suco, ou então beba o suco até que o mal-estar passe.

Lembre que, sem água, não podemos eliminar toxinas. Por isso, as pessoas que nunca bebem água ou bebem pouca quantidade, acumulam essas toxinas no corpo. O resultado é um sangue impuro, e sangue impuro propicia doenças. Não permita que essas coisas lhe aconteçam. Beba muita água pura para purificar o seu organismo.

QUANDO A NECESSIDADE AUMENTA

Quando o tempo esquenta, sua necessidade de água aumenta. O mesmo acontece quando pratica atividades físicas. Na verdade, quanto mais condicionado seu corpo estiver, mais água os tecidos reterão. As funções mais vigorosas e extenuantes dos músculos exigem ainda mais água para dar conta da carga de trabalho. Se beber muita água é difícil para você, descobrirá como fica mais fácil quando a sua saúde melhora.

Viagens de avião também aumentam a necessidade de beber água. O ar seco combinado com a circulação de ar muito rápida na ventilação da cabine provoca grandes perdas de água. Ela se perde por meio da respiração normal e através dos poros da pele, e isso contribui para a fadiga de voo que muitas pessoas sentem. Li certa vez que os membros de uma organização atlética que ficaram três horas e meia dentro de um avião chegaram a perder quase um quilo — o equivalente a dois litros da água do corpo — durante o voo.

Quando pego um avião, tomo as providências necessárias para compensar essa perda bebendo muita água pura antes, durante e depois do voo. Descobri que isso faz mesmo diferença na sensação de fadiga de voo, e minha pele não seca durante o voo.

Bebidas carbonadas enchem você de gases. Água mineral gasosa contém muito sódio. Café, chá, chocolate e refrigerante são desidratantes. Esses tipos de bebida devem ser ingeridas apenas em ocasiões especiais, não como estilo de vida e *nunca* para substituir a água. Sucos de fruta naturais contêm água e são muito bons, mas é bom lembrar que eles são um alimento, e o corpo precisa processá-los de um modo diferente. Por isso, não permita que os sucos substituam a água.

DÁ PARA FICAR MAIS PURO?

Qual a qualidade da água de sua torneira? Ela tem cheiro mesmo vago de cloro? Qual é a aparência? É tão opaca ou marrom que você não teria coragem de entrar nela mesmo que fosse um hipopótamo? Se for esse o caso, passe a comprar galões de água mineral pura de uma fonte confiável. Peça que entreguem regularmente em sua casa. O custo disso é compensado na economia em médicos e hospitais.

Você não consegue se livrar das impurezas que estão em seu organismo bebendo uma água ainda mais impura. Se você vive em uma região onde pode dispor de água pura na torneira, festeje e seja grata: há poucos lugares como esse no mundo. Pode não parecer muito natural ter de beber água de uma garrafa e, além disso, ter de pagar por ela. Mas se o abastecimento público de água foi tão contaminado por germes, algas e parasitas a ponto de precisar ser tratado com substâncias químicas para torná-la potável, então a água engarrafada parece ser uma escolha mais adequada. Mesmo o fluoreto, milagrosa substância que previne as cáries, é motivo de controvérsia quando usado como aditivo à água de beber. A questão é que Deus não criou a água desse jeito, e o ser humano nunca será capaz de fazer uma água tão boa quanto o Senhor.

Não me entenda mal. Eu agradeço a Deus pelo fato de o governo tratar a água com substâncias químicas, em vez de deixar o povo sujeito a surtos de febre tifoide, cólera ou qualquer outra doença que pode se espalhar por causa da água contaminada. Mas hoje se sabe que os reservatórios de água de determinadas regiões estão cheios de pesticidas, arsênico, amianto e outros produtos químicos destrutivos que foram usados de maneira descuidada perto de mananciais, contaminando a água.

A água pura não é mais confiável como antigamente. É triste, mas é verdade. Se tivéssemos acesso à água pura da mesma maneira que ela vem de um manancial — fresca, limpa e refrescante —, não haveria necessidade de lembrar as pessoas sobre a importância de bebê-la. Elas o fariam automaticamente. Água assim é saborosa, saudável e terapêutica. Mas o que deveria ser puro hoje está poluído; da mesma forma, o que deveria ser de graça, hoje é pago; o que deveria ser encontrado em qualquer lugar hoje precisa ser descoberto; o que deveria ser uma parte normal de nossa vida, hoje deve ser incluído em nossa agenda.

Fui criada com água de poço. Não tínhamos encanamento nem água corrente em nossa fazenda do Wyoming. Se alguém quisesse beber água pura, tinha de tirá-la por conta própria de um poço a alguns metros de distância da casa. Ainda me lembro como aquela água era fresca, maravilhosa e refrescante. Meus pais se mudaram para um sítio no interior da Califórnia que também tinha um poço de água fresca. Ela era puxada por bomba elétrica para dentro da casa, mas não perdia o gosto maravilhoso. É diferente de qualquer outro tipo de água, mesmo as minerais engarrafadas.

Muita gente acha que um purificador de água doméstico é mais conveniente do que comprar água engarrafada. Os melhores são muito caros, mas duram muito tempo e também purificam *toda* a água (da banheira, da lavadora etc.). Tenho muitas amigas que compraram e fazem a maior propaganda. Elas dizem que a água não fica boa apenas para beber: as roupas também ficam mais claras, o cabelo ganha mais brilho e até a pele fica diferente depois do banho. Nunca fiz isso, mas os comentários que ouço são positivos.

Um purificador é algo que a pessoa pode levar consigo quando se muda para outra casa ou apartamento. Não estou falando sobre aqueles baratinhos que você encaixa na torneira — já ouvi dizer que não resolvem muita coisa. Eu me refiro aos mais caros, que são instalados na saída da caixa d'água ou no encanamento que vem da rua. Se você tem alguma dúvida sobre a qualidade da água que abastece a sua casa, pode fervê-la por vinte minutos para remover a maior parte das impurezas. No entanto, só faça isso em caso de emergência, pois embora o calor destrua as bactérias, ele contribui para uma concentração maior de metais depois que uma parte da água pura se perde na fervura.

Quando comecei a dar aulas sobre os Sete Passos para a Saúde Total, uma das primeiras coisas que fiz foi levar as senhoras a beber de um litro e meio a dois litros de água todos os dias. Algumas delas tinham feridas na boca, mas bebiam água da torneira e não tinham noção da importância de comprar água pura engarrafada como eu recomendei.

Ora, se eu estava dando aula para uma turma em uma área em que a água é poluída, não poderia mais me limitar a sugerir que bebessem água mineral engarrafada; eu teria de exigir isso. Conforme passaram a beber água pura, os problemas na boca desapareceram. Se você tiver de beber água de purificador ou destilada, certifique-se de comer alimentos ricos em sais minerais como forma de repor os minerais que está perdendo na água que bebe.

A ÁGUA E A PELE

A água regula a temperatura do corpo ao evaporar na pele quando transpiramos. Essa evaporação refresca o corpo. Quando o tempo está úmido a transpiração não pode evaporar e você sente mais calor do que nos dias secos, ainda que à mesma temperatura. A pele elimina as impurezas do corpo o tempo todo, mas especialmente quando você se exercita e está dormindo. Ela respira continuamente.

Em *Back to Eden*, Jethro Kloss afirma:

> Se uma demão de tinta ou verniz fosse aplicada sobre todo o corpo, a pessoa morreria quase tão rapidamente quanto se tivesse recebido uma dose de veneno. Os milhões de pequenas glândulas sudoríparas estão constante e ativamente empenhados em separar do sangue as impurezas que, se fossem retidas, provocariam doenças e a morte.

Você pode sentir o cheiro de tabaco, licor ou alho na pele não porque ela tenha tido contato com essas coisas, mas porque a pele as elimina do corpo.

O tecido da pele, por ser morto, é venenoso, e células mortas devem ser removidas. Quando bebemos muita água pura, as impurezas venenosas são expulsas do organismo. O veneno que sai através dos milhões de poros da pele deve ser removido durante o banho. Para manter sua pele e seu corpo saudáveis e livres do risco de aumento das toxinas a limpeza externa diária é um imperativo, mesmo que seja apenas um banho de dois minutos.

Você pode achar completamente desnecessário mencionar essas coisas em um livro sobre saúde, pois com certeza todo mundo sabe

Quarto passo: Muita água   *147*

tomar banho todo dia. No entanto, talvez se surpreendesse ao saber de tanta gente que considera o banho uma coisa sem importância, um luxo ou algo que se faz uma vez ou outra em benefício dos outros. Essas pessoas não têm noção que a falta de banhos frequentes pode levar a problemas de saúde e doenças.

No tempo de Jesus, as pessoas não tomavam banho todo dia como fazemos hoje. Mas vamos encarar os fatos: elas não precisavam. Não viviam com a poluição, o estresse e as comidas processadas (produtoras de toxinas) que temos hoje em dia. Elas provavelmente passavam dez vezes mais tempo sem banho em relação aos nossos dias, e talvez fossem dez vezes menos agressivas.

A ESCOVA SECA E A BUCHA

Escova seca e bucha são coisas das quais muita gente nunca ouviu falar, mas que oferecem grandes benefícios.

A escova seca é feita de cerdas naturais, ao contrário do náilon e das fibras sintéticas que podem causar danos à pele. A escova tem mais ou menos o tamanho de sua mão e o cabo tem aproximadamente 45 centímetros de comprimento. *Antes* de seu banho, você usa a escova seca em toda parte da pele do corpo, com exceção do rosto (a pele do rosto deve ser tratada de maneira mais delicada, com grânulos de limpeza facial, sabonetes com grão de aveia ou uma escova macia). Isso elimina todas as células mortas e as impurezas do corpo que vieram à superfície durante a noite ou desde a última vez que você tomou banho. Em seguida, ao tomar banho, todas as impurezas saem pelo ralo, e lá está você com sua pele limpa, radiante e saudável.

A bucha é uma esponja comprida, áspera e em formato cilíndrico. Mesmo que você nunca tenha usado uma, pode ter visto nas lojas e se perguntado o que uma esponja tão primitiva estava fazendo ali. Parece uma daquelas coisas que a pessoa pega por engano no fundo do rio com o anzol quando está pescando. A bucha é diferente da escova seca porque deve ser usada *durante* o banho. Depois de molhar o corpo inteiro, a pessoa deve passar a bucha sobre toda a pele, a não ser a face. É revigorante e limpa muito bem.

Se a pele está inativa e os poros estão obstruídos com células mortas, as impurezas permanecem no corpo. Isso significa que os demais órgãos responsáveis pela eliminação — incluindo o fígado, os rins e os intestinos — terão de fazer hora extra para dar conta do trabalho. Você acredita que quase meio quilo de impurezas é eliminado através da pele diariamente? Isso representa cerca de um terço de todas as impurezas do corpo.

Em *Every Woman's Book* [O livro de toda mulher], Paavo Airola afirma: "A análise química do suor demonstra que ele tem quase os mesmos elementos constituintes da urina". Ao ler essa informação tão chocante, fui correndo pegar minha bucha e entrei no chuveiro imediatamente. Se isso não é suficiente para convencê-la a tomar banho com frequência e usar uma escova seca ou uma bucha, não sei mais o que poderia ser. Mas caso você ainda não tenha se convencido, aqui estão mais sete ótimas razões para usar uma bucha ou uma escova seca:

1. Remover as células mortas e as impurezas eliminadas por meio dos poros de sua pele.

2. Manter os seus poros abertos de modo que sua pele possa respirar e fazer seu trabalho apropriadamente.

3. Ajudar a pele no processo de eliminação.

4. Estimular a circulação.

5. Melhorar a saúde geral.

6. Tornar a sua pele mais jovial ao ajudar na prevenção do envelhecimento precoce.

7. Ajudar você a se sentir limpa e rejuvenescida.

É preciso lavar a escova seca e a bucha com água morna e sabão de vez em quando, deixando-as secar completamente no sol. Você se

Quarto passo: Muita água

surpreenderá ao ver quanta sujeira fica presa nelas. Essas escovas são como as de dente: todo mundo deveria ter a sua.

Uma escova seca ou uma bucha custam apenas alguns dólares, e usá-las não toma mais do que dois minutos por dia. Os benefícios para o corpo, porém, são grandes.

O GRANDE BANHO DE HIDROMASSAGEM

A água usada na pele é saudável, rejuvenescedora, purificadora, relaxante, calmante e restauradora. É um auxílio terapêutico natural. A água quente circulando em uma banheira de hidromassagem é muito relaxante e saudável. Muitas pessoas que não possuem uma piscina hoje investem em uma banheira de hidromassagem e descobrem como elas são maravilhosamente benéficas. Elas são o mais próximo que se pode chegar de uma estação termal doméstica. Se você vive sob estresse, tem um emprego que provoca muita tensão, não consegue dormir à noite ou sofre com feridas, juntas e músculos doloridos, pense seriamente na possibilidade de comprar uma dessas para sua casa ou seu jardim.

Uma palavra de alerta: certifique-se de que a banheira (ou a piscina) esteja devidamente cercada e trancada com grade e cadeado. O número de crianças pequenas que se afogam em piscinas abertas é terrível. Se você não tem como comprar uma piscina *e* mandar cercá-la, é melhor não comprar a piscina. Afinal, se há uma coisa de que você não precisa é encontrar uma criança morta dentro da água. Por isso, se você está analisando o preço de uma piscina ou banheira, não se esqueça de incluir no orçamento o valor de uma cerca ou de uma cobertura. Acredite em mim, isso pode ser vital para a saúde de sua família.

Palavras verdadeiras

"... há muito tempo, pela palavra de Deus, existem
céus e terra, esta formada da água e pela água."
2PEDRO 3:5

"... se tiver sede, dê-lhe de beber."
PROVÉRBIOS 25:21

"O pobre e o necessitado buscam água, e não a encontram! Suas línguas
estão ressequidas de sede. Mas eu, o SENHOR, lhes responderei [...]
Abrirei rios nas colinas estéreis, e fontes nos vales. Transformarei o
deserto num lago, e o chão ressequido em mananciais."
ISAÍAS 41:17-18

"Fazes jorrar as nascentes nos vales e correrem as águas entre
os montes [...] Dos teus aposentos celestes regas os montes;
sacia-se a terra com o fruto das tuas obras."
SALMOS 104:10-13

"Pois derramarei água na terra sedenta."
ISAÍAS 44:3

"A quem tiver sede, darei de beber gratuitamente
da fonte da água da vida."
APOCALIPSE 21:6

"Jesus respondeu: 'Quem beber desta água terá sede outra vez,
mas quem beber da água que eu lhe der nunca mais terá sede.
Ao contrário, a água que eu lhe der se tornará nele uma
fonte de água a jorrar para a vida eterna'."
JOÃO 4:13-14

quinto passo
Oração e jejum

Não ouse pular este capítulo! Este é um dos mais importantes dos Sete Passos para a Saúde Total. Os efeitos do jejum são vivificantes e transformadores. Não diga: "Eu não! Não posso jejuar! Jejuei uma vez e fiquei com dor de cabeça! Ouvi dizer que a pessoa pode até morrer se ficar sem uma refeição! Quero ter saúde perfeita e ainda ser capaz de perseguir meus objetivos. Jejum, definitivamente, não é comigo. É esquisito! É estranho demais! É coisa de fanático! É inconveniente! Não, não, mil vezes não!".

Por favor, se acalme e preste atenção em mim. Jejum não é tortura; é uma chave para obter mais qualidade de vida.

Jejuar significa se abster de todos ou de alguns tipos de comida, tradicionalmente durante a observância de uma data religiosa. No livro *Fast Your Way to Health* [Acelere rumo à saúde], J. Harold Smith descreve o jejum como "uma abstinência de alimentos com o objetivo de confrontar uma necessidade bem maior de satisfazer os anseios do homem interior".

Há muitas coisas das quais precisamos mais do que comida, e você descobrirá que a abstenção de todos ou de certos tipos de alimento por um período é um preço bem pequeno a pagar. Mesmo que você nunca tenha jejuado antes ou ache que não é capaz, leia este capítulo. Pode ser que aprenda algumas coisas maravilhosas a respeito de si mesma e certamente verá novas possibilidades.

Jejuar é uma disciplina que Deus determinou para cada um de nós com o objetivo de nos levar a um conhecimento ainda maior do Senhor, para nos conceder mais plenitude e poder pela obra do Espírito Santo em nossa vida e para nos proporcionar ainda mais saúde. O jejum pode alterar nossa vida de tal maneira que sejamos capazes de viver uma nova liberdade, uma nova intimidade com Deus e uma nova unidade com nossas companheiras. Eu quero tudo isso. E você? É claro que sim.

O QUE A BÍBLIA DIZ A RESPEITO

O tipo de jejum que Deus deseja que façamos foi planejado para "soltar as correntes da injustiça, desatar as cordas do jugo, pôr em liberdade os oprimidos e romper todo jugo..." (Is 58:6). Isso deveria ser suficiente para despertar o seu interesse. Quantos entre nós não conseguem sentir o mal à espreita em cada esquina da vida? Quem não gostaria de ver os planos do Diabo fracassados?

Será que existe alguém que não gostaria de ter pelo menos um fardo a menos para carregar? Quem jamais lidou com algum tipo de opressão na vida? Quem não precisa de mais liberdade em seu interior? Tudo isso e muito mais pode acontecer com você e por meio de você. Na verdade, as Escrituras chegam a nos dizer que determinadas coisas não podem acontecer se não for por meio da oração e do jejum.

Sendo assim, o que você está esperando? Por que hesita? Vou lhe dar duas razões: ignorância e medo. Somos ignorantes no que diz respeito ao que a Bíblia afirma sobre o tema, o que Deus quer de nós, o que pode ser alcançado por intermédio do jejum e quais são esses maravilhosos benefícios. Também temos medo de morrer durante a noite se formos para a cama sem jantar.

Há mais de oitenta referências ao jejum na Bíblia — no Antigo e no Novo Testamento. Trata-se de uma disciplina bem fundamentada, comprovada, prática e bíblica, ordenada por Deus e praticada por pessoas respeitáveis. Ainda assim, parece haver uma espécie de nuvem misteriosa de confusão em torno do assunto. A simples ideia de jejuar costuma evocar reações do tipo: "estranho"; "esquisito"; "coisa de fanático". Mas deveria sugerir outros conceitos, como obediência, entrega, plenitude, comunhão, disciplina e saúde.

Se o jejum fosse perigoso ou algo a ser temido, por que seria mencionado ao longo de toda a Bíblia? Por que os grandes personagens da história bíblica teriam feito isso, e por que Jesus teria jejuado por quarenta dias? "Depois de jejuar quarenta dias e quarenta noites, teve fome" (Mt 4:2). Na verdade, Jesus deixou claro que devemos jejuar quando disse: "Quando jejuarem, não mostrem uma aparência triste como os hipócritas..." (Mt 6:16). Note que Jesus não falou "*se* vocês jejuarem", sugerindo a possibilidade de isso não acontecer. Ele usou "quando", presumindo que todos faríamos isso.

Há muitos exemplos bíblicos de jejum, como Moisés, Daniel, Ana, Elias e o próprio Jesus. Não vou listar todos os muitos casos de jejum da história bíblica nem fazer uma defesa dessa prática porque o assunto já foi muito bem abordado em outros livros dedicados ao tema. Permita-me apenas dizer o seguinte: *jejuar é biblicamente correto e espiritualmente necessário*. Não se trata de uma prática antiga e anacrônica, mas, como a Bíblia, ainda atual.

DISCIPLINA ESPIRITUAL

O jejum é um exercício e uma disciplina espiritual. É uma negação de si mesmo. Quando você nega a si mesma, coloca o Senhor na condição de *tudo* em sua vida; com isso, não há limites para as maravilhosas possibilidades que se descortinam. Negar deliberadamente o alimento por determinado período de tempo com o objetivo de se entregar de maneira mais completa à oração e a uma comunicação mais íntima com Deus proporciona várias recompensas.

Uma disciplina física, como a ginástica, produz recompensas físicas. As disciplinas espirituais, como o jejum, produzem recompensas espirituais. Uma coisa é dizer: "Eu acredito em Deus" e não fazer nada. Outra bem diferente é dizer: "Eu acredito em Deus e desejo viver do jeito que ele quer que eu viva" e, sem seguida, ser obediente a tudo o que ele ordenar.

Todos temos algo dentro de nós que prefere fumar a evitar um câncer no pulmão. Achamos melhor forçar o coração com muito peso extra do que controlar os hábitos alimentares. Preferimos ignorar a necessidade de uma limpeza completa do espírito e do corpo do que negar às papilas gustativas, por algum tempo, aquele sabor de que elas gostam tanto. Somos tão orgulhosos que não queremos nos negar coisa alguma, mas a verdade é que somos muito mais felizes quando o fazemos, e muito mais enriquecidos quando tudo isso é feito para a glória do Senhor.

No livro *God's Chosen Fast* [O jejum que Deus escolheu], Arthur Wallis afirma:

> O orgulho e um estômago bem cheio são companheiros antigos e maus. Jejuar, por sua vez, é um corretivo divino ao orgulho do coração humano. É uma disciplina do corpo que tem a tendência de tornar a alma mais humilde.

Quando você se disciplina para fazer alguma coisa, isso significa que está levando aquilo bem a sério. Vale a pena levar a sério a obediência ao Senhor e a busca de uma caminhada mais íntima com ele por meio da disciplina regular da oração e do jejum.

JEJUANDO AO SENHOR

Há muitas religiões nas quais o jejum representa uma prática espiritual regular. Há também muita gente adotando esse hábito, mas sem vínculo com crenças religiosas; elas desejam uma cura natural para um problema ou querem purificar o corpo. Nós, como cristãos que somos e levando a sério a Palavra de Deus escrita, devemos jejuar ao Senhor para honrá-lo, louvá-lo e glorificá-lo. Não se resume a um exercício religioso; é um passo de obediência a Deus com o propósito de ministrar a ele.

O jejum, portanto, é uma questão pessoal entre você e Deus — uma oferta que se entrega ao Senhor —, e deve ser praticado em oração e pela orientação do Espírito Santo. Jesus disse: "Ao jejuar, arrume o cabelo e lave o rosto, para que não pareça aos outros que você está jejuando, mas apenas a seu Pai, que vê em secreto. E seu Pai, que vê em secreto, o recompensará" (Mt 6:17-18). Isso quer dizer que seu jejum deve ser observado, tanto quanto possível, sem chamar a atenção dos outros. Não é preciso mentir sobre ele, é claro, mas você não precisa fazer propaganda também.

O jejum caminha de mãos dadas com a oração, por isso sempre jejue com a intenção de orar também. O objetivo do jejum não é conduzir a mão de Deus para que ele faça alguma coisa que você deseja nem algo que se faz para receber a aprovação divina; é, sim, um período no qual oferecemos nossas questões e preocupações ao Senhor. Pessoalmente, sempre tenho uma lista de fardos e necessidades que apresento a Deus a cada vez que jejuo. Não faço isso para limitar o Senhor naquilo que ele pode fazer, mas porque me ajuda a focar a oração.

Tenho certeza de que, durante um jejum, muito mais pode ser alcançado no reino espiritual do que no reino físico. Já intercedi em oração e jejum por uma criança doente, uma amiga que precisava de libertação, um familiar desviado, a cura de alguém que mal conhecia e pela unção de Deus em alguma música que eu estivesse compondo. Ver essas orações respondidas, por si só já era maravilhoso, mas saber que em cada caso Deus realizou muito mais do que pedi por causa do jejum é algo além da compreensão. Como é grande esse Deus que faz tanto *por* nós e *por meio* de nós, enquanto temos tão pouco a fazer.

Mesmo quando não temos a resposta direta e imediata à nossa

oração, alguma coisa boa e positiva ocorreu, ainda que não tenhamos a menor ideia. Podemos confiar nisso, e essa ideia é empolgante! Lembre-se: quando você jejua, muito se realiza no reino espiritual, mesmo que você não tenha como orar o dia inteiro. Portanto, se você tem de trabalhar durante um dia de jejum e só tem tempo para fazer uma ou duas orações ligeiras, não pense que nada vai acontecer; isso não é verdade. Tenha em mente que tudo quanto você faz é importante, e isso também vale quando se trata do jejum.

O tipo de jejum que Deus deseja que façamos é o da obediência, para a glória do Senhor. Ele quer um coração disposto a dizer: "Sim, Deus, vou ficar sem me alimentar por um período se isso significa a cura de uma criança, a libertação de uma amiga oprimida, a localização de um familiar que está desaparecido, a descoberta da luz por parte de uma pessoa que está em trevas ou mesmo uma vida de mais sabedoria, paz e poder para mim. Sim, Senhor, um jejum é um preço muito pequeno em comparação com essas bênçãos".

Por favor, abra o coração e ouça o que o Senhor está dizendo a você a respeito do jejum, pois ele *está* falando. Ele convoca todos os que são capazes de orar e jejuar para fazê-lo. Não apenas alguns, nem somente os pastores, nem somente os anciãos, nem os escritores ou os professores, nem apenas os homens ou as mulheres acima de 55 anos; ele chama a todos os adultos que reconhecem Jesus como o Filho de Deus e permitem que ele habite em seu coração.

Ora, não queremos ser motivados ao jejum por razões egoístas, mas há muitas coisas maravilhosas que acontecem com nosso espírito e nossa alma como resultado dessa prática. Fiz uma lista que apresento a seguir com alguns bons motivos pelos quais jejuei no passado. Senti que o Espírito Santo colocou essas razões em meu coração. Talvez uma ou mais delas chame a sua atenção e inspire você a buscar o Senhor de modo mais pleno no que concerne à questão do jejum. Talvez você reconheça nessa lista a própria razão que você precisava

Quinto passo: Oração e jejum

para jejuar e orar o quanto antes. As vinte razões são:

1. Receber orientação divina, revelação ou uma resposta para um problema específico.

2. Ouvir a voz de Deus com mais clareza e entender de maneira mais plena o desejo dele para a sua vida.

3. Enfraquecer o poder do adversário (considero o jejum uma espécie de "azeite santo"; por isso, o mundo, a carne e o Diabo não podem segurar quem jejua, pois essa pessoa escorrega entre os dedos do inimigo e continua livre).

4. Enfrentar as grandes dificuldades diante de nós.

5. Livrar-se da escravidão.

6. Estabelecer uma posição de força e domínio espiritual.

7. Libertar-se de fardos pesados (tanto os seus quanto os de outras pessoas).

8. Acabar com uma depressão.

9. Convidar o Senhor a colocar em você um coração limpo e renovar um espírito reto.

10. Buscar a face de Deus e caminhar mais perto dele.

11. Buscar o Senhor quando ele a estiver orientando a fazer alguma coisa para a qual você se considera incapaz.

12. Manter-se livre do mal ou de pensamentos ruins.

13. Resistir à tentação.

14. Ver-se livre dos pecados cotidianos: orgulho, ciúme, mágoa, gula, fofoca etc.

15. Ajudar você quando se sentir confusa.

16. Ajudar você quando a vida parece fora do controle.

17. Desenvolver a humildade.

18. Combater qualquer inclinação da carne.

19. Fortalecer-se.

20. Permitir que o poder de Deus flua através de você.

Não quero sugerir com isso que o Espírito Santo sempre dirá a você de maneira clara e específica qual deve ser o motivo do jejum e da oração. Haverá casos em que você ouvirá a convocação divina ao jejum e à oração, mas não terá muita certeza quanto às razões específicas. No entanto, será sempre fácil encontrar pontos de foco para a oração durante o jejum. Há sempre muitas questões neste mundo que merecem nossa preocupação, bem como nosso jejum e nossa intercessão.

O lado espiritual do jejum é muito mais importante que o físico, por isso não se deixe iludir pelo fato de eu escrever poucas páginas sobre o aspecto espiritual da questão, em comparação com o aspecto físico. Mais uma vez, recomendo com empenho que você leia alguns livros maravilhosos sobre o assunto. Eles estão repletos de percepções bíblicas, e são escritos por pess as muito mais qualificadas do que eu quanto ao tema. Dito isso, vamos seguir em frente para analisar o aspecto físico do jejum.

PODER DE PURIFICAR

O jejum é um processo purificador do começo ao fim. Ele limpa o espírito, a alma, a mente e o corpo, tudo ao mesmo tempo. Fisicamente, nosso corpo está sempre eliminando venenos por meio dos pulmões, da pele, dos intestinos e dos rins. Na verdade, nosso corpo passa por processos milagrosos todos os dias, e o jejum fornece as condições mais favoráveis para que tudo isso aconteça.

Quando uma pessoa jejua, o corpo fica livre para fazer o que faz de melhor, que é o processo de cura e limpeza interna. Quando você evita enchê-lo de comida por determinado período, toda a energia que normalmente é utilizada na digestão, na assimilação e na metabolização passa a ser dedicada à purificação do corpo. O jejum limpa a corrente sanguínea (lembre-se do que falei sobre a importância de ter um sangue limpo). Quando você permite que o organismo descanse durante um jejum, inicia-se um processo de limpeza cujo resultado é melhoria na saúde. O envelhecimento precoce é interrompido; a

Quinto passo: Oração e jejum

pessoa fica mais atraente e se sente melhor em termos físicos, mentais e espirituais. Seu espírito, sua alma e seu corpo ficam mais limpos a cada vez que você jejua. O jejum é um jeito muito rápido de se libertar das toxinas do corpo.

Não pense que o jejum é uma maneira de submeter o corpo à fome total. Pense nele como um período de descanso, de rejuvenescimento e de limpeza — um tempo para parar de comer e oferecer ao organismo uma oportunidade de se renovar. Também é um período de crescimento de novas células, embora você não esteja alimentando o corpo. Ao eliminar os venenos e as células mortas, você favorece o desenvolvimento de novas células. Temos em nós uma reserva nutricional suficiente para nos sustentar bem mais do que um jejum de três dias. Neste capítulo, estamos discutindo apenas jejuns de um a três dias. Para períodos mais longos, por favor, leia outro livro específico sobre o tema.

O jejum elimina os venenos do organismo de maneira muito eficiente; quando você sente que está ficando levemente enferma, um jejum pode, às vezes, prevenir o desenvolvimento dessa doença ao permitir que o corpo se concentre nos processos internos de cura e limpeza. Ele oferece aos processos de eliminação a oportunidade de trabalhar melhor, e há boas chances de que, antes de tudo, a razão de seu mal-estar esteja no fato de que os processos de eliminação não estejam conseguindo fazer o trabalho.

Comer muito, deixar de se exercitar, sofrer com o estresse, comer o que não deve, esquecer-se de beber água, não passar tempo suficiente ao ar fresco e sob o sol e não dormir o suficiente faz com que o sangue se torne impuro. Seu sangue deve ser limpo para evitar que as doenças encontrem solo fértil.

Acredito que o jejum é a *única maneira* de se livrar de certos venenos. Na verdade, se você costuma tomar muitos remédios, como aspirina, tranquilizantes, analgésicos, antibióticos e outras coisas do gênero, o jejum é uma boa maneira de se livrar dos resíduos que permanecem em seu organismo. No caso de vício, porém, busque a ajuda de um bom médico e não siga nenhum tipo de jejum por conta própria. Uma libertação dos tóxicos de tal magnitude pode ser um problema muito sério.

Todo livro que li sobre jejum menciona, em algum momento, como os animais naturalmente se abstêm de alimentos por determinados períodos de tempo, especialmente quando estão doentes. J. Harold Smith diz: "Porcos e seres humanos são as únicas criaturas que mantêm o estômago cheio 24 horas por dia". Que ideia nojenta! Tenho certeza de que Deus não planejou que vivêssemos como os porcos. Ele sempre quis que nossa vida fosse muito mais limpa.

Quanto mais limpo for seu organismo, mais vontade você terá de comer os alimentos do jeito que Deus os criou e menos sentirá falta do sabor daquelas comidas de baixa qualidade. O mesmo vale em termos espirituais. Quanto mais limpo for o seu espírito, menos você se sentirá atraída por coisas de natureza pervertida, poluída ou suja. Há poder purificador no jejum.

Benefícios físicos

Embora a motivação para o jejum seja de ordem espiritual e os resultados espirituais sejam os mais importantes, os benefícios físicos também são imensos. Depois de jejuar por razões espirituais e limpar o seu corpo, você verá os ganhos físicos e perceberá como a mente trabalhará de maneira mais eficiente. Descobrirá que muitos problemas físicos pequenos e incômodos começarão a desaparecer durante e depois de um jejum. Por exemplo, se você jejua regularmente, descobrirá que é menos suscetível a resfriados, gripes, sinusite e várias reações alérgicas.

O jejum ajuda a restaurar um sistema digestivo prejudicado ao dar a ele a chance de descansar de tantos maus-tratos. Pelo fato de o corpo não ingerir alimentos, seu estômago começará a encolher, tornando mais fácil o controle da quantidade de comida. O jejum reeduca suas papilas digestivas, acaba com a fixação em comida de má qualidade e ajuda a apreciar a alimentação natural. Depois de um jejum de três dias, mesmo as comidas mais simples — uma maçã, uma batata assada ou um prato de legumes cozidos — ganham sabor de alimentos celestiais.

Nunca subestime o poder das papilas gustativas. Se a queda do ser humano aconteceu por causa do descontrole das papilas gustativas de Adão e Eva, com certeza devemos tomar muito cuidado com elas. Mas a boa notícia é que as papilas reagem de acordo com a maneira como forem treinadas. Quando são rigorosamente disciplinadas por meio do jejum, elas começam a agir de modo coerente. Devemos sempre manter o corpo sob o controle do espírito. O jejum é uma forma eficaz de fazer isso.

O jejum pode ajudar você a perder peso (desde que não perca o controle depois e volte a comer bobagens em grande quantidade) porque é um auxílio no combate aos maus hábitos alimentares. Durante um jejum, o que importa não é a perda de peso, pois não é muito difícil recuperar os quilos a mais. O que faz diferença é a mudança dos hábitos da vida. O jejum, o exercício físico e a alimentação do jeito que Deus a planejou para o ser humano são as chaves para a perda de peso saudável.

Uma dieta de baixa caloria é uma tortura, mas o jejum não é. Com o jejum, você só sente fome no primeiro ou até o segundo dia. Dietas radicais de redução de calorias não são naturais. O jejum é ordenado por Deus. Ele ajuda a equilibrar o peso. Não importa se a pessoa é magrinha ou muito pesada — o jejum regular, alternado com alimentação e exercícios apropriados, equilibra o corpo em todos os sentidos. Preciso repetir: a chave para conseguir perder peso sem comprometer a saúde está na maneira como você come depois de cada jejum. Comer para recuperar o tempo perdido é terrível.

Nosso corpo não foi feito para ficar abaixo *nem* acima do peso: ambas as condições indicam que seu corpo está fora de equilíbrio por estar sendo tratado de modo indevido. Com o tratamento apropriado, ele reagirá encontrando um bom equilíbrio natural. Por isso, não se preocupe se você se sente muito magra ou muito gorda. Um jejum de um a três dias não lhe fará mal. Ele ajudará o corpo a se livrar dos venenos e se equilibrar, melhorará a sua digestão e a assimilação e contribuirá para que você chegue ao peso normal, não importa quanto tenha de perder.

No entanto, o tempo que leva para que isso aconteça é diferente de uma pessoa para a outra. Durante um jejum de três dias, por exemplo, uma pessoa com peso abaixo do normal pode descobrir que perdeu dois quilos, ao passo que outra com peso acima do ideal pode constatar que não chegou a perder nem um quilo sequer. Parece uma terrível injustiça e uma inversão, mas se você continuar a jejuar com regularidade e comer da maneira que deve, seu corpo se encarregará de encontrar o próprio equilíbrio. Quem está abaixo do peso começará a ganhar uns quilos, e quem está acima passará a perder o excesso.

Essas são algumas das maravilhosas recompensas que receberá quando obedecer a Deus e jejuar para a glória dele. Veja outros benefícios:

1. Mais autocontrole.

2. Contenção e, com o tempo, eliminação dos hábitos alimentares ruins e dos vícios.

3. Redução do processo de envelhecimento.

4. Aumento de força (embora você possa se sentir fraca durante o jejum, certamente sairá dele mais forte).

5. Consumo do excesso de gordura por parte do corpo.

6. Eliminação de maus odores e mau hálito.

7. Pele mais clara e olhos mais brilhantes.

8. Eliminação da fadiga crônica.

9. Mente mais limpa.

10. Mais autoestima e sensação de bem-estar.

11. Alívio para o estresse, a tensão e a ansiedade.

12. Economia nas contas de supermercado.

13. Sono mais reparador.

14. Certeza de que seu estado e sua aparência estão melhores.

ASSUMA O CONTROLE DA VIDA

Se qualquer área de sua vida é controlada por outra coisa senão Deus, então ela está fora de controle. Ou então está sendo controlada por coisas como inveja, medo, isolamento, depressão, abandono, distúrbio alimentar, drogas, álcool, cigarro, excesso de comida, autocomiseração, luxúria da carne, televisão, revistas, pensamentos absurdos, comida de baixa qualidade, desejo incontrolável por açúcar, orgulho — a lista poderia prosseguir indefinidamente.

O autocontrole é fruto do Espírito. A falta de controle é uma semente da carne, e Satanás tem muito interesse nisso. "... pois o homem é escravo daquilo que o domina" (2Pe 2:19). Uma vida fora do controle jamais poderá ser uma vida saudável. Nunca! Você sempre será orientada por aquilo que controla sua vida.

Contudo, independentemente do que subjuga e escraviza uma pessoa, isso pode ser controlado com rapidez por meio do jejum e da oração. E ela não precisa necessariamente de longos jejuns para alcançar esse objetivo. A notícia maravilhosa é que mesmo um jejum regular de um dia a cada semana tem poder para quebrar, pouco a pouco, essas cadeias e colocar a sua vida sob o controle de Deus.

Às vezes, podemos não encontrar uma razão particular para achar que a vida está fora de controle. Quando isso acontece, leve o assunto a Deus em oração e jejue imediatamente. Você se surpreenderá ao ver com que rapidez sua condição física, mental e espiritual pode ser firmada sobre uma sólida fundação de calma e paz. Um jejum pode ajudar a pessoa a manter contato com Deus, organizar a vida e enfrentar problemas difíceis (como a sua atitude em relação à comida).

Os resultados aparecem com tal rapidez que tenho uma suspeita: a tal sensação de "vida fora do controle" é uma artimanha do próprio Diabo. Por meio do jejum e da oração, o poder do inimigo é totalmente enfraquecido. Depois de um jejum de três ou quatro dias, me sinto livre de medos e depressões.

Quando alguma área de nossa carne sai do controle, o jejum a recoloca em situação de submissão ao Espírito Santo. Durante um jejum, sua mente tem mais chances de se voltar para coisas espirituais. Devemos demonstrar disposição de ser disciplinados nessa área.

COMO JEJUAR

Há três tipos de jejum: absoluto, parcial e total (ou "normal"). No jejum absoluto, a pessoa não come nem bebe nada. No entanto, não vejo razão alguma para jejuar sem água. Se o mais conhecido jejum que Jesus fez, de quarenta dias no deserto, foi de abstenção de comida e não de água, não vejo por que alguém deve se arriscar em algo que pode ser prejudicial.

No jejum parcial, a pessoa se limita a tomar sucos ou, em alguns casos, quando o jejum pode se tornar um problema médico, ingerir apenas legumes. (Há mais detalhes sobre isso em "Quem deve evitar o jejum".)

No jejum total ou "normal", nada passa pelo corpo além de água. É sobre o jejum total (ou normal) que falo neste livro, e é o único que recomendo, a não ser que você tenha um problema de saúde e esteja impedida de fazê-lo. Nesse caso, faça um jejum parcial.

No jejum, como em tudo na vida, você precisa se organizar e fazer algum tipo de planejamento. Uma das primeiras coisas que precisa fazer é decidir *por quanto tempo* jejuará. É importante fazer isso para poder preparar o organismo. Se o seu corpo e a sua mente sabem que você está prestes a fazer um jejum de três dias, em vez de jejuar por apenas um dia, eles se comportarão de acordo com essa expectativa.

Quinto passo: Oração e jejum   165

Não tente ver até onde consegue jejuar. Isso é contraproducente. O jejum é do Senhor. Converse com ele e decida de antemão a duração específica, quando ele começa e quando termina. Deus não está preocupado em fazer um *ranking*, por isso não é preciso se sentir um fracasso porque decidiu fazer um jejum de três dias, mas só conseguiu chegar ao segundo. Deus honra o que você faz. Tenha em mente que seu corpo se desenvolve e acostuma com o jejum tal como se acostuma com qualquer outra disciplina. Não use o jejum como outra maneira de ser legalista e forçar a si mesma. Seja apenas clara e transparente sobre o que acredita ser a duração adequada de seu jejum.

Na Bíblia há exemplos de jejuns de um dia, de três dias, de uma semana, de dez dias e de quarenta dias. Se você tomar a decisão de fazer um jejum superior a três dias, deve ler um bom livro sobre o assunto e receber a orientação de um médico ou nutricionista. Quanto maior o jejum, mais cuidados terá de tomar, especialmente quando estiver encerrando o período de abstenção. Terá de ser orientada com segurança e não tenho espaço neste livro para me aprofundar nessa questão. Certifique-se de que você tem conhecimento suficiente sobre o tema antes de se submeter a um jejum mais longo do que o de três dias que descrevo aqui.

Permita-me insistir que o jejum não tem caráter de punição. Trata-se de um privilégio. É algo pelo que devemos esperar com ansiedade, sem temer. Lembre-se: jejum não significa passar fome até morrer; significa "abstenção de" alguma coisa. Em um de seus sermões sobre o jejum, o pastor Jack Hayford afirmou: "Deve ser um ministério, não um sofrimento".

Portanto, não pense no jejum como uma prática penosa. Em vez disso, lembre-se dos maravilhosos benefícios e no quanto ama o Senhor e deseja servi-lo. (Antes de seguirmos em frente, insisto que um jejum de três dias não mata. Não quero que você confunda o ronco do

166   O segredo da saúde total

estômago com o som da iminência da morte. Acredite em mim, são duas coisas bem diferentes.)

Pessoalmente, recomendo um jejum semanal de 24 a 36 horas, com um jejum de três dias por ano ou qualquer outra coisa que o Senhor orientar. Uma disciplina regular mantém você espiritual e fisicamente comprometida. Não se trata de uma exigência legalista; são apenas alguns parâmetros.

No artigo chamado "Orientações para o jejum",[2] Derek Prince escreve:

> Todo cristão que decide jejuar como parte de sua disciplina espiritual pessoal deve ser sábio para reservar um ou mais períodos específicos por semana para esse propósito. Dessa maneira, o jejum se torna parte da disciplina espiritual regular, tal como acontece com a oração. No entanto, além desses períodos semanais regulares, é provável que também haja ocasiões especiais nas quais o Espírito Santo nos convoca para jejuns mais intensos e prolongados.

Se você nunca jejuou, comece aos poucos. Tente dispensar apenas uma refeição no começo e beba água, leia a Palavra e ore em vez de comer. Em seguida, quando sentir que é capaz, elimine duas refeições. Se conseguir fazer isso sem dificuldade, elimine três refeições na semana posterior. Depois que estiver fazendo jejuns de 24 horas um dia por semana, tente o de três dias. Isso significa dispensar as três refeições do dia, dormir a noite inteira e comer na manhã seguinte. Prepare-se para um jejum de três dias dessa maneira.

Eu costumava achar que pular uma refeição ou duas poderia matar. Como isso está longe da verdade! Em vez de morrer, comecei a me sentir mais viva ainda. Quando descobri que os jejuns não me

---

[2] Revista *Charisma*, edição de março de 1983.

faziam mal e ainda me ajudavam, eles se tornaram ainda mais fáceis para mim. Quanto mais você jejua, mais fácil fica. Com isso quero dizer que, quanto mais fiel você for ao jejum semanal de um dia (e de três dias a cada seis meses), mais venenos serão eliminados de seu organismo, mais saudável ele ficará e mais fácil será jejuar de novo.

Não se transforme em uma maníaca por jejuns. É entre você e Deus, mas acredito que ele não convoca as pessoas a longos jejuns com muita frequência. Além disso, por favor, evite pensar assim: "Tenho comido lanchinhos e tomado remédios a vida inteira, então é melhor partir logo para um jejum de quarenta dias". Nem siga este raciocínio: "Meu jejum de três dias foi tão bom esta semana que estou pensando em fazer um de dez dias na semana que vem".

Lembre-se: esse é o jejum do Senhor, aquele que ele escolheu. Comece aos poucos, com não mais do que um jejum de 24 horas no início e veja o que acontece. Como o jejum deve ser orientado pelo Espírito Santo, você pode mudar seu padrão de oração e jejuar da maneira que o Espírito lhe orientar. "... se vocês são guiados pelo Espírito, não estão debaixo da Lei" (Gl 5:18).

Sugestões e orientações quanto ao jejum

1. Decida antes qual a duração exata do jejum. Busque a Deus para saber especificamente quando começar, quando parar e qual é o foco principal.

2. Certifique-se de que dispõe de um bom suprimento de água pura antes de começar o jejum. Você precisa de água suficiente para durar o jejum inteiro.

3. Beba muita água ao longo de todo o jejum. Algumas pessoas recomendam beber meio copo de água a cada meia hora. Como não costumo me lembrar de fazer isso com tal frequência, uso o mesmo sistema que descrevi no capítulo sobre a água (dois copos ao acordar, dois copos antes do almoço, dois copos no fim da tarde e dois copos antes de

dormir). Cada pessoa tem uma natureza, por isso siga o que for melhor para você.

4. Seja bem rigorosa em relação à dieta durante um ou dois dias antes de iniciar o jejum. Concentre-se em frutas e legumes frescos e seja rigorosa com os alimentos daquela lista dos que devem ser evitados. Isso tornará o jejum muito menos problemático e os benefícios, ainda maiores. O corpo não ficará bloqueado pelas comidas processadas e o sistema de eliminação funcionará de um modo muito mais eficiente.

5. Não hesite em beber um chá de erva laxante quando sentir a necessidade de fazê-lo. É muito natural, suave e benéfico. Se você tem problemas de prisão de ventre, beba uma xícara morna desse tipo de chá como a última coisa a ingerir antes de dar início ao jejum.

6. Não ache que o jejum perdeu o valor se comer alguma coisa por acidente. Apenas receba o que comeu em nome de Jesus e volte ao jejum. O pastor Jack Hayford disse: "Deus não está contando as calorias; está olhando para o coração".

7. Não fique passeando pela cozinha às quatro da tarde para ver se a despensa está em ordem. Se fizer isso, está procurando encrenca para a continuidade do jejum.

8. Faça exercícios mais leves enquanto jejua. Isso ajuda a respirar melhor e costuma auxiliar no processo de limpeza. Além disso, não é aconselhável esforçar-se muito na ginástica.

9. Descanse bastante. Não estou sugerindo que você deva faltar ao trabalho para ficar em casa, mas se puder escolher, opte por jejuar em um dia no qual a carga de trabalho é menor. Dormir apenas duas horas por dia, trabalhar demais por muitas horas ou fazer tudo às pressas sem tempo para relaxar torna o jejum mais difícil. Se você se sente muito cansada ou fraca, ou se fez muito esforço físico por algum tempo, vá para a cama durante o jejum; ou então tire algumas sonecas.

10. Leia Isaías 58 toda vez que jejuar. Abordaremos mais esse assunto ao fim deste capítulo.

Quinto passo: Oração e jejum   *169*

11. Não negligencie nenhum dos Sete Passos para a Saúde Total. Não se esqueça de viver em paz; beba muita água; faça exercícios leves; respire ar fresco e tome sol; e descanse bastante durante o jejum.

12. Tome banho todos os dias. Muitos venenos serão expelidos pelos poros e o banho diário é uma necessidade. O uso diário da bucha ou de uma escova seca será especialmente importante e benéfico.

13. Tome muito cuidado se quiser pegar uma sauna ou fazer uma hidromassagem quente enquanto jejua. Embora sejam atividades terapêuticas em outras circunstâncias, não as recomendo durante o jejum porque são muito radicais. Se você insistir em fazer isso, por favor, não faça sozinha. Procure ter outra pessoa com você que não esteja fazendo jejum. Esses banhos ajudam a despertar o corpo, mas durante o jejum haverá alguns momentos de fraqueza. Entrar em uma sauna ou em uma banheira de hidromassagem muito quente em um momento de fraqueza devido ao jejum é perigoso. Entre outras coisas você pode ter tonturas e vertigens provocando problemas ainda maiores.

14. Esprema algumas gotas de suco de limão em seu copo de água se tiver problemas com mau hálito. Use apenas limão fresco; nada de produtos artificiais.

15. Evite folhear livros de culinária e revistas com fotos maravilhosas e receitas de comida. Os comerciais de televisão podem ser ainda mais perigosos. Se você tiver de cozinhar para outras pessoas durante o seu jejum, congele previamente as refeições (sopas, por exemplo) de modo que a preparação se torne mais fácil e menos tentadora. Não prepare seu prato favorito.

16. Evite coisas muito quentes ou muito frias. Água, banho, temperatura do ar etc.

17. Beba água morna enquanto jejua se sentir frio (como acontece com muita gente). Um bom chá de ervas, como essência de rosas, camomila ou hortelã, ajuda bastante.

18. Não tome vitaminas nem medicamentos enquanto estiver jejuando, a não ser que seja absolutamente necessário. Comprimidos de qualquer tipo em um estômago vazio não lhe farão nada bem. Se for absolutamente necessário, esmague o comprimido até transformá-lo em pó e espalhe em um copo contendo água e suco fresco em quantidades iguais.

19. Nunca, nunca, nunca beba álcool, chá, café ou refrigerantes durante um jejum — e não fume! Essas substâncias matam aos poucos. Espero, de coração, que qualquer pessoa interessada em ler um livro como este já tenha se livrado do hábito destrutivo e terrível do fumo. Só de pensar em alguém fumando durante um jejum, já fico horrorizada. Por favor, não faça isso.

20. Mantenha-se firme e determinada a continuar o jejum até onde se sentir capaz. Você se sentirá muito melhor se fizer isso.

Sintomas da eliminação das toxinas

Assim que o jejum começa a eliminar as toxinas do corpo, há muitos sintomas que oferecem uma indicação do que está acontecendo no organismo. Esses sinais de eliminação de toxinas acabam quando os venenos se vão.

A *língua saburrenta* é um sinal da presença de toxinas no corpo, especialmente nos intestinos, e costuma ocorrer durante o jejum. Quanto mais saburrenta estiver a língua, mais você precisa de desintoxicação. Se você está preocupada porque sua língua está saburrenta, provocando mau hálito, adicione algumas gotas de suco de limão fresco espremido na água que está bebendo. Funciona como uma espécie de detergente e desinfetante interno. Examine sua língua de tempos em tempos para ver se ela está limpa ou cheia de toxinas.

Dores de cabeça são comuns durante o jejum. São ainda mais corriqueiras se você não está acostumada a jejuar e vinha maltratando muito seu corpo com comidas processadas ou se enchia de bebidas

Quinto passo: Oração e jejum

ricas em cafeína, como café, chá ou refrigerante. As dores de cabeça são um sinal de que o corpo está tentando se livrar de alguma impureza. Qualquer alimento do qual o corpo precisa se esforçar muito para se livrar em vez de assimilar é impuro e provoca dor de cabeça.

Se a sua dor de cabeça aumenta muito durante o jejum a ponto de interferir em seu trabalho e você sente que é melhor tomar um analgésico leve, abandone o jejum. Não tome remédios com o estômago vazio. Vou repetir: *não tome remédios com o estômago vazio*. Em vez disso, amasse o comprimido até transformá-lo em pó (faça isso entre duas folhas de papel-manteiga ou em um saquinho plástico de embalar alimentos e passe o rolo de massas por cima) e espalhe dentro de uma xícara com um terço de purê de maçã; ou então, dissolva em um copo de suco fresco. Lembre-se: quando o veneno sair de seu organismo, a dor de cabeça vai embora com ele.

Náusea e vômitos ocasionais acompanham o jejum quando a pessoa está cheia de toxinas. A não ser que o vômito seja prolongado, eu não me preocuparia com isso. É um sinal de que há coisas no estômago que precisam sair. Pense nisso como um jeito natural de o corpo se livrar do que ele não precisa. Beber uma ou duas xícaras mornas de chá de ervas de hortelã ajudará bastante.

Fraqueza, tonturas ou vertigens são comuns. Não há razão para alarde com esses sintomas, a não ser que se tornem muito graves e insuportáveis. A essa altura, o melhor a fazer é abandonar o jejum. Tente comer bem e seguir os sete passos por mais uma ou duas semanas antes de tentar jejuar novamente. "De tanto jejuar os meus joelhos fraquejam..." (Sl 109:24).

Perturbações no sono, incapacidade de relaxar ou pesadelos às vezes ocorrem durante um jejum. Mais uma vez, são problemas causados pela eliminação dos venenos. A parte boa é que você não precisa dormir tanto para se sentir descansada no período do jejum porque o corpo não estará exausto, tentando digerir uma quantidade enorme de comida.

Tremores de frio são corriqueiros durante o jejum, especialmente quando o corpo está se livrando dos venenos. Sentir frio é algo que acontece com quase todo mundo. No verão até que é bom, mas se você sentir frio no inverno, não hesite: tome uma xícara de chá de ervas morno (hortelã, rosas, laxante, camomila, confrei etc.).

Cãibras nas mãos, nas pernas e nós pés costumam acontecer apenas em casos de jejuns muito prolongados, mas também podem ocorrer quando a pessoa jejua por um ou dois dias apenas. J. Harold Smith afirma:

> Essas cãibras são resultado das contrações espasmódicas dos músculos sobre nervos muito sensíveis. Podem ser causadas pela liberação de material fecal retido por um longo período no cólon ou pela acumulação de gases em função da decomposição de alguma coisa que ficou muito tempo dentro dos intestinos.

Se for esse o caso, quanto mais saudável você for e quanto mais limpo estiver o seu organismo, menor a possibilidade de ocorrerem cãibras. Não se apavore com isso; não é nada sério e vai passar.

Sintomas de resfriado, como coriza ou congestão nasal e catarro também podem aparecer pela mesma razão. Todos esses sintomas são indicações da presença de toxinas no organismo e sinais de que o corpo está tentando se livrar delas. Eles aparecerão cada vez menos conforme você se acostuma a jejuar. Com o tempo, se você seguir todos os sete passos, desaparecerão de vez.

Caso sinta um desses sintomas, isso é sinal de que o seu jejum é ainda *mais* necessário do que você imaginava. Não significa que Deus esteja dizendo a você que agora já pode se esquecer de tudo e devorar uma dúzia de rosquinhas e um balde de café quando acordar. Na verdade, o que acontece com você durante um jejum pode servir como indicativo de sua saúde em geral.

Quinto passo: Oração e jejum

Se algum desses sintomas de eliminação de toxinas se tornar muito incômodo, beba um pouco de suco de frutas *fresco* diluído em água pura — por exemplo, uma parte de suco de laranja espremida, misturada com três partes de água pura. Isso ajudará você a enfrentar os períodos de fraqueza. Tomar um caldinho de legumes também é muito bom. Você pode usar a sua imaginação quando for preparar um caldinho como esse, mas a receita que uso é minha adaptação de outra prescrita por minha nutricionista. É rica em vitaminas e lhe dará forças.

Tire a casca dos legumes, corte em cruz e adicione-os a um litro de água pura. Deixe cozinhar no fogo por uma hora e, em seguida, tire os sólidos de dentro do caldo.

CALDINHO DE LEGUMES
1 cebola
1 batata
2 cenouras
2 hastes de aipo

Quando muitos sintomas de eliminação de toxinas se manifestam ao mesmo tempo, é uma indicação de que o corpo está passando por algo que os nutricionistas costumam chamar de crise de cura. Em *Nature Has a Remedy* [A natureza tem um remédio], o dr. Bernard Jensen diz: "Uma *crise de cura* é um processo por meio do qual o corpo elimina as toxinas acumuladas. No período da crise de cura, novos tecidos substituem os antigos, e esse processo é responsável pela eliminação".

Repito: não tenha medo da crise de cura; pelo contrário, ela deve ser motivo de comemoração. Durante uma crise de cura, vá para a cama se puder e descanse muito. Isso lhe ajudará a se recuperar mais rápido. Uma crise de cura pode durar de duas horas a alguns dias, dependendo do grau de intoxicação de seu corpo. Todos esses sintomas que descrevi são sinais de que o corpo está se desintoxicando e curando. Alegre-se por isso. Eles passam muito rápido e a recompensa vale a pena: uma vida mais longa e saudável.

No entanto, se em algum momento esses sintomas se tornarem insuportáveis, interrompa o jejum e tente novamente em outra ocasião. Não se sinta culpada por isso. Você provavelmente precisa ir mais devagar e prestar muita atenção em seus hábitos alimentares. Trabalhe nos outros seis passos durante algumas semanas para se fortalecer antes de tentar jejuar de novo. Esses sintomas diminuirão a cada vez que você jejuar e com o tempo não será mais um assunto tão incômodo.

A CONTROVÉRSIA DA LAVAGEM INTESTINAL

Alguns médicos dizem que as lavagens intestinais (enemas) são fundamentais durante o jejum, enquanto outros são totalmente contrários. Os que defendem as lavagens no período de abstenção dizem que são necessárias para que não sobre nenhum material putrefeito decomposto no intestino. Aqueles que são contra os enemas dizem que eles irritam o intestino e lavam as boas bactérias, necessárias para o funcionamento normal do órgão. Permita-me dizer uma coisa: não vejo nada de errado, ruim ou não natural nas lavagens intestinais, mas acho que um corpo totalmente saudável provavelmente nunca precisará disso.

Um enema é apenas água, e parece ser uma forma natural de limpeza. Não tenho nenhuma dúvida de que muita gente precisa disso. Também estou certa de que muitas pessoas abusam da prática e passam por frequentes lavagens intestinais, permitindo que elas substituam uma atividade que o corpo deveria fazer por conta própria. Isso provavelmente depende da condição da pessoa e até que ponto o intestino está intoxicado. Com certeza, é melhor passar por um enema do que ver o organismo parando de funcionar por causa das toxinas. No entanto, se você está em boas condições físicas, talvez uma

Quinto passo: Oração e jejum

lavagem intestinal possa prejudicar mais do que ajudar. Essa decisão fica por conta de sua sabedoria e da experiência de seu médico ou de sua nutricionista. Busque o equilíbrio.

ATAQUES DE FOME

Você terá alguns ataques de fome enquanto estiver jejuando, mas eles estão mais para um desejo habitual de sentir certos sabores e de mastigar do que para uma necessidade real de nutrientes. As papilas gustativas ficam ansiosas por alguma atividade, o estômago fica roncando porque não recebe atenção, mas seu corpo já tem alimento suficiente nele. Se você estiver fazendo um jejum mais longo, os ataques de fome desaparecerão no segundo ou terceiro dia. Algumas pessoas dizem que a tentação de comer também desaparece, embora não seja o caso para todas as pessoas. Ainda que algumas pessoas não consigam deixar de sentir a necessidade de comer, até a tentação em si passa a ser diferente.

Não sou mais tentada a comer uma barra de chocolate, mas já me peguei admirando uma maçã, um mamão, um abacate ou uma batata assada. Se você está se submetendo a uma dieta rigorosa de calorias ou deixou de comer por alguma razão antes de iniciar o jejum, então enfrentará um bocado de dificuldade. Você precisa comer com calma, com tranquilidade e sabedoria e se disciplinar antes de começar o jejum. Morrer de fome e jejuar em seguida é equivalente a um distúrbio alimentar; nesse caso, você pode ter um problema sério. Jamais faça isso.

Toda vez que você sentir um desses ataques de fome, beba um pouco de água e faça uma oração. Se isso não ajudar, tente beber água morna com limão. Se os ataques de fome estiverem interferindo em seu trabalho ou atrapalhando o seu sono, beba um copo de chá de ervas ou um caldinho de legumes. Conforme se acostumar com o jejum, os problemas que surgirem no início desaparecerão.

Preste atenção a qualquer tipo de desejo específico muito intenso que surgir enquanto estiver jejuando. Podem ser sinais de que você acostumou demais seu corpo com algum tipo de alimento e talvez tenha desenvolvido sensibilidade a ele. Na primeira vez que fiz um jejum de sete dias, sob a orientação de um médico nutricionista, tinha uma fixação muito forte por pão e torradas. Foi então que descobri ser alérgica ao trigo.

Meus sintomas particulares da alergia são: muita fraqueza, fadiga, ganho de peso e excesso de catarro. Quando eliminei o trigo de minha dieta, todos os sintomas desapareceram. Hoje como trigo uma vez ou outra, e não tenho problema algum. Se começo a comer muito trigo, todos os sintomas voltam. Descobri que, se como pão caseiro feito de grãos que transformo em farinha com meu moedor, não sinto nada.

Meu nutricionista me disse que a razão para isso é a seguinte: até três dias depois de moído, o grão continua puro e fresco. A partir daí, determinada alteração química começa a ocorrer, produzindo a irritação que leva a uma reação alérgica. Mais uma vez eu vi como os alimentos puros, do jeito que Deus os criou (ou tão perto disso quanto possível), são o que existe de mais benéfico.

Não tenho certeza de até que ponto uma fixação qualquer possa ser um indicador confiável de uma alergia, mas não há dúvida de que é uma evidência de que estamos comendo determinado alimento além da conta.

Exemplos de jejuns breves

Jejum de 24 horas

1. Pare de comer depois do jantar na segunda-feira à noite, às seis.

2. Não coma nada e beba apenas água pura durante toda a terça-feira.

3. Depois das seis da noite de terça-feira, coma uma salada de frutas *ou* de legumes *ou* uma batata cozida e legumes no vapor. Se tiver

Quinto passo: Oração e jejum

alguma coisa a mais para comer (carne, queijo etc.), vá com muita, muita calma.

Jejuns um pouco maiores

1. Pare de comer depois do almoço na segunda-feira, ao meio-dia.

2. Não coma nada e beba apenas água pura durante o restante da segunda-feira e toda a terça-feira.

3. Para o jantar, na noite de terça-feira, por volta das seis horas, coma uma salada de frutas *ou* de legumes *ou* uma batata cozida e legumes no vapor.

Jejum de 36 horas

1. Pare de comer depois do jantar na segunda-feira à noite, às seis.

2. Não coma nada e beba apenas água pura durante toda a terça-feira.

3. Na manhã de quarta-feira, faça o desjejum com uma maçã crua ou no vapor e um mamão. No almoço, coma uma salada de legumes crus e/ou uma batata cozida e legumes no vapor.

Jejum de três dias

1. Pare de comer depois do jantar na segunda-feira à noite, às seis.

2. Não coma nada e beba apenas água pura durante toda a terça, a quarta e a quinta.

3. No almoço da sexta-feira, coma algo como uma salada de legumes crus e fresquinhos ou uma batata cozida com iogurte natural por cima e legumes no vapor (como brócolis ou cenoura).

COMO RESISTIR QUANDO CHEGA A TENTAÇÃO

O jejum pode ser difícil até certo ponto, considerando que comer com outras pessoas se tornou nossa atividade social favorita. Há um clima de calor humano e alegria em compartilhar uma refeição com amigos que amamos, e fazer isso com limitações é complicado. No entanto, você não precisa viver como uma eremita. Um pastor e sua esposa, amigos nossos muito próximos, nos convidaram para jantar. Ela fez uma refeição maravilhosa, e quando todos nos sentamos juntos, descobrimos que a esposa do pastor estava jejuando. Ela explicou que o Senhor a convocara a um jejum prolongado depois de termos marcado a data do jantar, e ela não queria perder a oportunidade de nos reunirmos.

Ainda assim, a noite foi perfeitamente agradável e o fato de ela estar jejuando não afetou nada. Fiquei admirada com o senso de compromisso daquela mulher. A alegria que demonstrava era contagiante e estava claro que ela não sentia nenhuma privação. Nem todo mundo tem essa força — eu não sei se teria —, mas é possível conviver com as pessoas e continuar jejuando. Se a conversa e a camaradagem for rica e vital, elas mal notarão e você passará por isso sem dificuldade se tiver em mente a alegria que lhe espera.

Alguns jejuns são mais fáceis que outros, mas há momentos em que a abstinência é uma luta constante e a fome não dá trégua. Esses jejuns difíceis podem ser resultado de algum tipo de abuso prévio: comer o que não se deve, não se exercitar, não dormir o suficiente ou sofrer uma forte dose de estresse. Durante esses jejuns mais complicados, acredito que a melhor coisa a fazer seja se esforçar até onde sua capacidade permitir. A lista a seguir sugere algumas coisas para ler, dizer, pensar e fazer quando a fome aperta muito. Tudo isso me ajudou antes e deve ajudar você também.

O que dizer a si mesma quando se sente tentada a comer

1. Estou jejuando como um ato de obediência ao Senhor.

2. Estou jejuando porque há jugos de escravidão que precisam ser quebrados em minha vida e na vida de outras pessoas.

3. Estou jejuando porque quero mais do amor de Deus em minha vida.

4. As preocupações especiais pelas quais estou orando durante esse

Quinto passo: Oração e jejum

jejum valem o esforço.

5. A desintoxicação física, a cura e o rejuvenescimento do corpo que o jejum proporciona valem um curto período de abstinência.

6. Neste momento, há coisas mais grandiosas que precisam ser realizadas em minha vida do que comer.

7. Comer agora não me satisfará tanto quanto encerrar o jejum.

8. "Tudo posso naquele que me fortalece" (Fp 4:13)

Mentiras a serem rejeitadas quando você se sentir tentada a comer:

1. "Dá mais trabalho do que resultado."

2. "A única coisa que esse jejum está produzindo é sofrimento."

3. "Minha dor de cabeça e minha fraqueza devem ser um sinal de Deus de que devo interromper o jejum agora."

4. "Ninguém mais se tortura dessa maneira."

5. "Ninguém sabe que estou jejuando, por isso ninguém vai saber também quando eu quebrar."

6. "Eu cumpro direitinho os outros seis passos. Não preciso ser tão rigorosa com esse."

7. "Deve ser por isso que alguns são chamados para jejuar e outros não."

8. "Não estou indo a lugar algum com isso; é melhor esquecer."

O que fazer quando você se sente tentada a comer:

1. Saia da cozinha o mais rápido possível.

2. Leia a Palavra de Deus (especialmente Isaías 58).

3. Beba água quente com limão, chá de ervas ou caldinho de legumes.

4. Fixe seu pensamento em algum projeto interessante (nada de estudar para a aula de culinária).

5. Deite-se e descanse um pouco.

6. Saia para dar uma caminhada.

7. Comece a limpar um armário.

8. Se nenhuma dessas coisas der certo, tire toda a roupa e dê uma olhada em seus quadris diante do espelho. Na maioria dos casos, isso dá certo.

COMO ENCERRAR UM JEJUM

Repita comigo: A MANEIRA DE ENCERRAR UM JEJUM É TÃO IMPORTANTE QUANTO O PRÓPRIO JEJUM. MAIS UMA VEZ: A MANEIRA DE ENCERRAR UM JEJUM É TÃO IMPORTANTE QUANTO O PRÓPRIO JEJUM. Se você pretende encerrar um jejum se empanturrando com o tipo errado de comida, então o jejum não terá o menor sentido. Você deve encerrar um jejum aos poucos, controlando o processo, e não desesperadamente, na velocidade da luz. Quanto mais longo o jejum, mais suave e tranquilo deve ser o encerramento.

Geralmente, você sentirá que *quer* comer com mais sabedoria e controle depois de um jejum do que antes. Há três regras a serem lembradas em relação a isso. Primeira: EM NENHUMA CIRCUNSTÂNCIA COMA DEMAIS DEPOIS DE ENCERRAR UM JEJUM. O erro mais grave que você pode cometer quando jejua é o de comer muito depois de encerrar. Infelizmente, esse é o erro mais comum também. Lembre-se sempre de que o estômago encolherá durante um jejum, por isso não precisará de tanta comida quanto você estava acostumada. Tenha isso em mente quando estiver preparando o seu prato.

Embora o estômago encolha e os olhos aparentemente cresçam, não permita que eles fiquem maiores do que o estômago no que concerne à comida. Isso pode acabar sendo muito doloroso. Encerrar o jejum é, de fato, o momento no qual você precisa exercer o autocontrole. Mantenha um ritmo calmo, controlado e suave quando estiver perto da comida.

Segunda: SEMPRE ENCERRE O JEJUM COM FRUTAS OU LEGUMES

CRUS OU LEVEMENTE COZIDOS NO VAPOR. *Nunca* encerre um jejum comendo carne, leite ou queijo. Deixe passar, pelo menos, duas refeições antes de voltar a esses alimentos. *Nunca, nunca, nunca* encerre um jejum com comida do tipo *fast-food*; as consequências serão desastrosas. Depois de um jejum, o corpo reage com maior intensidade a qualquer pedacinho de comida. Se a comida é boa, a reação será boa. Se a comida for ruim, a reação será ruim.

Você também pode encerrar um jejum com um copo de suco de fruta ou legumes. Sob nenhuma circunstância use alimentos enlatados ou processados. Ao sair de um jejum, suas papilas gustativas vão apreciar qualquer coisa. Aproveite essa oportunidade para dar a elas o alimento mais puro e limpo disponível. Fique longe de qualquer comida ou tempero artificial pelo máximo de tempo possível. Comece com uma laranja, uma maçã, um mamão ou uma melancia. Purê de maçã caseiro é muito bom também.

PURÊ DE MAÇÃ CASEIRO

1. Descasque uma ou duas maçãs
e corte em pedaços pequenos.
2. Cozinhe as maçãs em uma
panela até ficarem macias.
3. Coloque a fruta em um pote, adicione metade ou
três quartos de um copo da água da panela e vede.

Depois de um jejum coma com o máximo de moderação. Mais tarde, quando quiser purê de maçã como sobremesa, adicione uma pitada de canela e um pouquinho de mel, misturando tudo.

Certa vez, comi demais depois de um jejum de três dias — e uma vez é suficiente para ensinar a não cometer o mesmo erro. Embora eu tenha feito isso com comida saudável, passei muito mal. Eu me senti muito bem durante o jejum e muito mal depois de encerrá-lo porque comi em excesso. Foi uma grande tolice, pois eu sabia o que aconteceria; no entanto, achei que depois de um jejum breve não haveria nenhum problema. Nem consigo imaginar qual teria sido a sensação se eu tivesse feito aquilo depois de um jejum mais prolongado.

Terceira regra. ENCERRE O JEJUM COM ATÉ TRÊS ALIMENTOS DIFERENTES NA MESA. Por exemplo, um jejum de três dias encerrado com frutas deve incluir até três tipos, como uma combinação de maçã, mamão e melancia. Só uma já seria bom, mas não passe de três, senão será muito para o organismo.

Se você vai começar com legumes, faça apenas uma salada com alface roxa, abacate e tomate ou cenoura picada. Ou então cozinhe no vapor um pouco de brócolis com cenoura e coma com uma batata assada. Acredite em mim: depois de um jejum de três dias, uma refeição dessas será maravilhosa. Mesmo quando você começar a adicionar outros ingredientes, como carne e grãos, mantenha a simplicidade — só três coisas. Por exemplo, peito de peru cozido, arroz integral ou selvagem e cenouras cozidas no vapor compõem uma refeição de qualidade, limpa, fácil de fazer e saudável. (Somente se certifique de que 50% da refeição seja representado pela cenoura, 25% pelo peito de peru e 25% pelo arroz.)

Você ficará impressionada ao ver a diferença que faz quando se dá preferência a refeições mais simples depois de um jejum. Na verdade, você vai preferir os sabores limpos das comidas simples e naturais, do jeito que Deus as criou. É provável também que seu paladar se torne mais sensível aos aditivos químicos ou ingredientes artificiais em sua comida. Lembre-se de continuar bebendo seis ou sete copos de água pura por dia depois de encerrar o jejum. Não adicione sal, pimenta ou outros temperos à sua comida. Evite tanto quanto possível — talvez até para sempre. Coma devagar e mastigue os alimentos por completo para ajudar na digestão apropriada.

ALTAS EXPECTATIVAS

Há um monte de coisas maravilhosas que podem acontecer com você depois de se submeter a uma escala de jejuns por um mês ou dois. Antes de tudo, você se sentirá melhor, mais forte e terá mais energia. Sua pele ficará mais clara, mais macia e com uma cor mais saudável. Seus olhos se tornarão mais brilhantes e claros. Você se olhará no espelho e verá como fica mais jovial a cada jejum. (Cada um dos sete passos retarda o envelhecimento precoce.)

Embora possa sentir algumas tonturas durante um jejum (especialmente se levantar de repente), depois de encerrá-lo sua mente estará mais limpa do que antes. Se seguir corretamente os outros seis passos, perderá peso. A única razão pela qual você pode não perder peso durante um jejum mais longo de três ou dez dias é que o seu corpo pode estar fora de equilíbrio e incapaz de reagir normalmente. Vai levar um pouco mais de tempo, mas esse equilíbrio virá. Não desista.

Suas papilas gustativas serão reeducadas e você começará a apreciar o sabor da comida do jeito que Deus a criou. O desejo por comidas de má qualidade e processadas será substituído pelo gosto por frutas frescas, legumes, grãos integrais e nozes. Mesmo que nunca perca o desejo de determinada coisa, você *perderá* o gosto pelo mal que aquilo provoca. Há certas sobremesas que ainda adoro, mas gosto *muito mais* de não ficar doente.

O ciclo menstrual se tornará mais regular, mais suave, menos dolorosa e problemático devido ao jejum regular e ao organismo mais limpo. Fique atenta porque, em um jejum de três dias ou mais, sua menstruação pode atrasar um ou dois dias. Pode ser que tenha um fluxo mais ou menos intenso do que o usual. Eu sempre tive menstruações difíceis, dolorosas e longas até começar a jejuar. A partir daí, elas se tornaram mais leves e menos dolorosas. Duram quatro ou cinco dias. Para muitas mulheres, trata-se de um grande benefício.

O odor do corpo desaparecerá. Sua boca e seu hálito ficarão mais frescos, sua pele terá um cheiro mais suave e limpo, e todos os outros odores corporais que poderiam lhe causar constrangimento diminuirão a cada jejum e não voltarão mais quando você estiver totalmente desintoxicada.

Seu jeito de ver a vida mudará por meio do jejum. Você se surpreenderá ao ver como é difícil carregar o peso das toxinas e como sua atitude será mais positiva e tranqüila quando seu corpo estiver mais limpo e saudável.

Você terá mais tempo livre. Fiquei chocada ao descobrir quanto tempo eu levo na cozinha todos os dias. Geralmente, jejuo por 24 horas uma vez por semana e nesse dia ganho de quatro a seis horas. Considerando o tempo que leva para preparar as refeições, pôr a mesa, tirar a mesa, limpar os pratos e jogar o lixo fora, há muito tempo para se ganhar quando deixamos de comer. Até mesmo comer fora requer um bocado de tempo.

Em dias de jejum, faço refeições simples e rápidas para as crianças. Congelo previamente sopas caseiras e pães. Basta descongelar, esquentar e servir. As crianças adoram, e eu passo menos tempo na cozinha. Se você precisa cozinhar para outros membros da família que não estão acompanhando o seu jejum, não torne isso um sacrifício. Planeje para servir refeições saborosas e simples de preparar. Um período de jejum não é o melhor momento para preparar seus pratos preferidos, a não ser que você seja uma daquelas pessoas que conseguem suportar bem a tentação.

Esses são apenas alguns dos resultados que você pode esperar para a sua vida com o jejum. Vale a pena manter as melhores expectativas.

QUEM DEVE EVITAR O JEJUM

Há aquelas pessoas que não poderão jejuar por razões médicas. "Aquele que come de tudo não deve desprezar o que não come..." (Rm 14:3).

Mulheres grávidas e mães que estão amamentando não devem jejuar de jeito nenhum. Você não vai querer descarregar as suas toxinas em uma criança recém-nascida ou que ainda nem nasceu. O risco não compensa. Espere quatro ou seis meses depois de ter um bebê para começar a jejuar. Dê ao seu corpo uma chance de se recompor por conta própria, para que os hormônios se normalizem e qualquer processo de cura se complete.

Não apresse a sua recuperação de maneira alguma. Permita-se um descanso. Em seguida, comece aos poucos até chegar à condição que tinha antes da gravidez. Se começar qualquer coisa antes da hora — um programa para perder peso, uma ginástica ou um jejum —, pode criar problemas para si que levarão um ano ou mais de recuperação. Sempre seja sensível ao seu corpo. Mesmo que depois de seis meses você não se sinta disposta a nenhuma dessas coisas, não se preocupe nem se apresse.

Tendo passado seu período de descanso e recuperação, você pode achar que um jejum é tudo de que precisa para se sentir bem de novo. Foi o que aconteceu comigo depois de meu segundo bebê. Minha recuperação e a perda do peso extra foram tranquilas e sem sacrifício. Comecei com um jejum de 24 horas um dia por semana quando o bebê tinha seis meses de idade, daí passei para um jejum de 36 horas uma vez por semana.

Quando Amanda completou nove meses, fiz um jejum de três dias e posso dizer, com toda a sinceridade, que foi um marco para a minha vida. Depois daquele jejum, eu era uma nova pessoa em termos espirituais e físicos. Não tinha mais o semblante cansado e passei a me sentir mais forte. Depois de um ano, minha aparência estava ótima de novo. Minha mente estava mais limpa. Acabou a depressão pós-parto que eu senti depois do nascimento do bebê. Estou convicta de que o jejum me desintoxicou de toda a medicação que tomei por causa da cesariana e, posteriormente, para as dores. O jejum de um dia por semana é um bom programa de manutenção, mas para se livrar dos venenos de fato, o melhor é o jejum de três dias.

Qualquer pessoa que tenha uma doença grave, como diabetes, problemas no fígado ou nos rins, tuberculose, hipoglicemia e problemas cardíacos, não deve jejuar. O mesmo vale para quem está *muito* abaixo do peso ideal. É preciso ter certo grau de saúde para jejuar; assim, durante a abstinência, sua saúde continuará muito boa. O jejum libera as toxinas presentes no organismo, e isso pode debilitar uma pessoa que já esteja enfraquecida por causa de determinada doença. Ao mesmo tempo que o jejum, de fato, ajuda aqueles que enfrentam problemas menores, a pessoa muito enferma não deve fazê-lo, a não ser sob os cuidados de um bom médico que prescreva esse tratamento.

Para quem tem problemas de saúde e expressa um desejo espiritual de jejuar, sugiro perguntar ao médico se é possível comer só frutas e legumes um dia na semana. De maneira geral, isso não é um problema, mas você precisa ter a certeza de que não prejudicará a sua saúde. Meu filho de sete anos costumava dizer que era o "jejum de legumes e frutas". De vez em quando, quando jejuávamos, ele participava por um dia, e víamos os benefícios que proporcionava a ele. Em pouco tempo, seus olhos castanhos ganharam mais brilho, ele ficou mais alegre e até um pouco mais calmo, o que não era de seu feitio.

Seja qual for a situação, se você tem algum tipo de limitação física que a impeça de jejuar regularmente, um jejum parcial de frutas e legumes certamente será aceito por Deus. O Senhor certamente honrará essa iniciativa, pois será para a glória dele.

Os médicos discordam a respeito da conveniência do jejum. Parece haver dois campos distintos. Muitos nunca fizeram e nada sabem a respeito, ou viram algum abuso da prática e, por essa razão, se opõem firmemente a ela. Outros, por sua vez, conhecem o valor do jejum, já fizeram e o recomendam de maneira enfática. Se você confia a sua saúde a um médico, também deve confiar nos conselhos que ele dá

Quinto passo: Oração e jejum 187

no que concerne ao jejum. Nesse caso, será um problema entre você, Deus e o doutor.

A ESTRADA QUE LEVA À BOA SAÚDE

Deus nos dá muitas chaves maravilhosas para serem usadas aqui na terra — leitura e proclamação da Palavra, louvor, oração, fé e também o jejum. Não permita que a sua vida fique trancada porque não está usando as suas chaves. O jejum é uma chave para a saúde total em todas as áreas de seu ser.

O jejum não é a mais fácil das disciplinas, reconheço, mas com certeza também não é a mais difícil. É mais fácil do que você imagina. Sendo bem sincera, se você vive para satisfazer sua carne e não está disposta a enxergar os caminhos de Deus e viver de acordo com eles, terá de arcar com as conseqüências. Quanto maior a perversão dos caminhos do Senhor, mais graves as conseqüências. Basta olhar em volta para ver como isso é verdade. Satisfazer os apetites ou desejos da carne leva a problemas de toda sorte, e você vai acabar pagando o preço de alguma maneira: em seu corpo ou em sua mente. *Todos* precisamos nos reconciliar com Deus e com seus caminhos antes de nos tornarmos saudáveis.

Presumindo que você não tem nenhuma doença grave, vamos falar sobre a obtenção e a manutenção de uma saúde adequada, e qual o papel que o jejum desempenha nesse processo. Todos os membros do reino animal que vivem em um ambiente natural sabem, por instinto, como se curar por intermédio do jejum. Em determinados momentos — por exemplo, quando se pega um resfriado —, sabemos que a melhor coisa a fazer é ir para a cama e jejuar por um, dois ou três dias. Você poderá constatar que o resfriado chegará ao auge e regredirá até se dissipar em bem menos tempo do que aconteceria em outras condições. Na verdade, se você está sempre com resfriados ou viroses, o jejum é resposta.

O jejum atrasa o relógio quando se trata de envelhecimento. Pense nos seguintes termos: o envelhecimento precoce é, na verdade, uma doença latente. Trata-se de uma condição não saudável do corpo. Os especialistas dizem que o jejum pode acrescentar anos à sua vida. Acredito nisso, e também que esses anos serão cheios de vitalidade e vigor!

Hoje em dia, as pessoas têm enfartes e derrames bem mais cedo. Alimentação de má qualidade, falta de exercícios e hábitos terríveis pavimentam a estrada. É raro os médicos encontrarem uma artéria entupida ou obstruída antes que o problema já tenha se tornado grave. Se você está preocupada com o aumento da taxa de colesterol, tente jejuar para desbloquear essas artérias.

A prisão de ventre provoca muitos problemas. Muitos problemas causam prisão de ventre. A constipação é causada pelo estresse e pela má qualidade da dieta. O jejum pode aliviar os dois problemas muito melhor do que os remédios.

A perda de peso é um processo muito mais saudável quando o jejum regular faz parte do programa. A maioria das pessoas acha que jejuar é mais fácil do que fazer uma dieta muito rigorosa porque não há necessidade de fazer escolhas. As dietas rigorosas obrigam a pessoa a decidir o tempo todo o que pode comer e quanto, ao passo que no jejum não é preciso sequer pensar em comida.

Estão se tornando mais e mais frequentes os casos de pessoas cuja mente e cujo corpo entram em colapso por causa do estresse ao qual estão sujeitos. Temos de começar a olhar para a doença não como uma falha, mas como um sinal de que alguma coisa está fora de equilíbrio. Deus é Deus de equilíbrio. Seus caminhos são equilibrados. Ele nos concedeu o jejum como uma maneira de revitalizar a mente, o corpo e o espírito.

O que mais me aborrecia durante a gravidez não era o enjoo pela manhã nem as dores do parto, mas o fato de que eu não podia jejuar.

Quinto passo: Oração e jejum

Eu não dispunha mais daquele tempo de intimidade que eu tinha com o Pai quando orava e jejuava. Perdia o frescor, a leveza e a revigorante purificação do espírito e do corpo que o jejum me proporcionava. Não sentia mais a mesma força e a qualidade da saúde. Jejuar não é um método para curar todas as doenças, mas é uma das maneiras de Deus operar a cura. Não tenha medo. Em vez disso, tema a obesidade, a pressão alta, o ataque cardíaco, a circulação comprometida, a fadiga crônica e as doenças constantes. Deus projetou o jejum. Está na Palavra. Aprenda com ele.

O JEJUM QUE DEUS ESCOLHEU

Na Bíblia, Deus fala sobre o tipo de jejum que ele deseja no capítulo 58 do livro de Isaías. Ele descreve o tipo de jejum que escolheu, com que objetivo devemos fazê-lo e qual a promessa feita àqueles que jejuam. Esse capítulo é poderoso e tão importante para todos que resolvi incluir metade dele neste livro. *Por favor, leia toda vez que jejuar.* Melhor ainda: leia em sua própria Bíblia, na tradução que mais lhe agrada. Deus falará com você através desse texto. Você será lembrada do motivo pelo qual está jejuando: "... soltar as correntes da injustiça [...] pôr em liberdade os oprimidos e romper todo jugo" (Is 58:6).

Também servirá como uma maneira de lembrar o que você deve fazer: "... partilhar sua comida com o faminto, abrigar o pobre desamparado [...] e não recusar ajuda ao próximo" (v. 7). Ele também nos fala das recompensas: "... a sua luz irromperá como a alvorada, e prontamente surgirá a sua cura [...] a glória do SENHOR estará na sua retaguarda. Aí sim, você clamará ao SENHOR, e ele responderá" (v. 8-9).

Por fim, terá a segurança de saber que "... você terá no SENHOR a sua alegria..." (v. 14). Leia Isaías 58 toda vez que jejuar, e peça ao Senhor que revele ao seu coração o que esse texto significa. Ele é rico em promessas, propósitos e verdade.

O jejum que desejo não é este: soltar as correntes da injustiça, desatar as cordas do jugo, pôr em liberdade os oprimidos e romper todo jugo? Não é partilhar sua comida com o faminto, abrigar o pobre desamparado, vestir o nu que você encontrou, e não recusar ajuda ao próximo? Aí sim, a sua luz irromperá como a alvorada, e prontamente surgirá a sua cura; a sua retidão irá adiante de você, e a glória do Senhor estará na sua retaguarda. Aí sim, você clamará ao Senhor, e ele responderá; você gritará por socorro, e ele dirá: Aqui estou. Se você eliminar do seu meio o jugo opressor, o dedo acusador e a falsidade do falar; se com renúncia própria você beneficiar os famintos e satisfizer o anseio dos aflitos, então a sua luz despontará nas trevas, e a sua noite será como o meio-dia. O Senhor o guiará constantemente; satisfará os seus desejos numa terra ressequida pelo sol e fortalecerá os seus ossos. Você será como um jardim bem regado, como uma fonte cujas águas nunca faltam. Seu povo reconstruirá as velhas ruínas e restaurará os alicerces antigos; você será chamado reparador de muros, restaurador de ruas e moradias. Se você vigiar seus pés para não profanar o sábado e para não fazer o que bem quiser em meu santo dia; se você chamar delícia o sábado e honroso o santo dia do Senhor, e se honrá-lo, deixando de seguir seu próprio caminho, de fazer o que bem quiser e de falar futilidades, então você terá no Senhor a sua alegria, e eu farei com que você cavalgue nos altos da terra e se banqueteie com a herança de Jacó, seu pai. É o Senhor quem fala.

Isaías 58:6-14

Palavras verdadeiras

"Agora, porém, declara o Senhor, 'voltem-se para mim
de todo o coração, com jejum, lamento e pranto.'"
Joel 2:12

"Por isso jejuamos e suplicamos essa bênção
ao nosso Deus, e ele nos atendeu."
Esdras 8:23

"O temor do Senhor é o princípio do conhecimento,
mas os insensatos desprezam a sabedoria e a disciplina."
Provérbios 1:7

"Todo aquele que nele tem esta esperança purifica-se
a si mesmo, assim como ele é puro."
1João 3:3

Ele respondeu: "Essa espécie só sai pela oração e pelo jejum".
Marcos 9:29

"Ali [...] proclamei jejum para que nos humilhássemos
diante do nosso Deus e lhe pedíssemos uma viagem segura
para nós e nossos filhos, com todos os nossos bens."
Esdras 8:21

"Porque a graça de Deus se manifestou salvadora a todos os homens.
Ela nos ensina a renunciar à impiedade e às paixões mundanas
e a viver de maneira sensata, justa e piedosa nesta era presente,
enquanto aguardamos a bendita esperança: a gloriosa
manifestação de nosso grande Deus
e Salvador, Jesus Cristo."
Tito 2:11-13

sexto passo
Períodos de ar fresco e luz do sol

As trevas geram morte; a luz gera vida. Isso é verdade tanto no que diz respeito ao reino espiritual quanto ao físico. Infelizmente, trata-se um conceito que todos nós preferimos ignorar.

Ao longo das últimas décadas, banimos a luz natural e o ar fresco de nossa vida de maneira sistemática. Hoje em dia, o ser humano constrói prédios sem nenhuma janela. Muitas escolas já são construídas sem janelas, e as crianças estudam sob luz artificial em ambientes com ventilação artificial. Uma pesquisa indica que o desempenho escolar de crianças que estudam sob essas condições é menor. Hoje temos hospitais onde os doentes precisam melhorar sem contar com ar fresco e com a luz do sol.

Há prédios comerciais nos quais as pessoas trabalham o dia inteiro sob luz artificial, respirando ar artificial; com isso, chegam em casa à noite se sentindo totalmente exaustas e irritadiças. As janelas que ainda restam são cobertas por cortinas, persianas, cortinados, filme escuro, blecautes e outros bloqueios que as pessoas mantêm fechados durante o dia e também à noite por causa do medo, da falta de privacidade, da ignorância ou para assistir melhor à televisão. Rastejamos dentro de nossas sombrias cavernas artificiais e ficamos nos perguntando por que não nos sentimos bem.

A única explicação que posso encontrar para essa tendência é a de que o ser humano, deixado à vontade para fazer o que quiser, expulsará os caminhos naturais de Deus de sua vida à medida que tenta "aprimorá-los". No entanto, eu repito: os caminhos do homem jamais podem superar os caminhos de Deus. O ser humano pode ter tudo — a melhor comida, a melhor água, fazer muitos exercícios —, mas sem ar fresco e luz do sol suficientes, não terá saúde total.

ILUMINE A SUA VIDA

E quanto a você? Como vive? Mora em uma casa escura? Mantém as persianas fechadas o tempo todo? Trabalha em um prédio sem janelas? Passa a noite inteira sem sono e cochila durante o dia? Você dedica algum momento da rotina diária para tomar ar fresco e sol? Se não faz isso, então saia das trevas e entre na luz, pois não está vivendo da maneira que Deus planejou para a sua vida.

Você está se fechando para um importante aspecto da vida. Um pouco de ar fresco e de sol todos os dias é terapêutico e revigorante para todas as partes do corpo. Não fomos criados para viver em buracos negros. Na verdade, fomos criados para ficar ao ar livre a maior parte do tempo, com casas para nos fornecer proteção, abrigo e segurança. Estou falando sobre abrir as janelas de sua casa para entrar ar fresco e luz do sol, e passar algum tempo diário ao ar livre. Não estou sugerindo cozinhar sob o sol para ficar "bronzeada", correndo o risco de desenvolver câncer de pele. Eu me refiro a permitir que o ar fresco e a luz do sol se tornem parte regular de sua vida.

A LUZ DO SOL É UM SANTO REMÉDIO

A luz do sol é um poderoso remédio, tônico, germicida e relaxante, especialmente quando usado em conjunto com os outros passos. Quando você passa um tempo ao ar livre, tomando um pouco de sol, seu corpo se serve dos elementos que eles contêm. Os cientistas estão pesquisando a forte ligação entre luz e saúde. Eles descobriram que a luz natural exerce um efeito significativo sobre o sistema imunológico.

Sexto passo: Períodos de ar fresco e luz do sol

A luz já é usada hoje em dia no tratamento de várias doenças do sangue e da pele, assim como serve para curar certos tipos de depressão e problemas nervosos. O valor da luz do sol para o doente vem sendo demonstrado pela experiência dos hospitais. Eles estão percebendo que um grande porcentual dos casos de recuperação acontece em quartos hospitalares onde há luz do sol abundante e especialmente onde se permite a circulação de ar fresco.

Quando o sol brilha sobre a pele, as terminações nervosas absorvem energia e a enviam por todo o corpo. Isso acalma os nervos. Todo mundo já passou por essa experiência de ver como algumas horas de lazer passadas na praia ou trabalhando no jardim podem oferecer a mesma sensação de uma soneca gostosa. Outra razão para isso é que, quando o sol atinge a sua pele, ele produz vitamina D em seu corpo e trabalha como um grande auxílio natural para a absorção de cálcio. O cálcio acalma o sistema nervoso — é por isso que as pessoas que sofrem de insônia ou têm dificuldade para dormir se beneficiam tanto quando passam vinte minutos a uma hora no ar fresco e sob a luz do sol diariamente.

A luz do sol é um dos melhores indutores do sono, em *especial* quando combinada com qualquer tipo de exercício físico. Se você consegue passar dez a vinte minutos por dia no sol cuidando do jardim, todo o seu ser apresentará mudanças positivas. Você sempre dorme melhor à noite quando passa tempo suficiente durante o dia no ar fresco e tomando sol.

O oposto também é verdadeiro. Se você se sente fatigada ou sem iniciativa, o simples fato de sair de casa para uma caminhada ao ar fresco e sob o sol é suficiente para *energizá-la*. Isso acontece porque *todos* os caminhos naturais de Deus contribuem para o seu *equilíbrio*. Eles equilibram o corpo, dando-lhe integridade.

Os raios do sol também possuem propriedades germicidas. Feridas expostas ao ar fresco e ao sol cicatrizam mais rapidamente. No entanto, expor a ferida ao sol intenso, prolongado e direto pode, às vezes, fazer a pele em volta da ferida escurecer. É por essa razão que os fabricantes de curativos plásticos passaram a usar material com respiros. Eles protegem a ferida ao mesmo tempo que permitem o contato com o ar natural e fresco, fundamentais no processo de cura.

Quanto mais saudável você for, mais se sentirá atraída pelo ar fresco, pelo sol e pelo ar livre. Quanto mais saudável se tornar, mais se verá abrindo as janelas, se esquecendo de puxar as cortinas e desejando estar em casas, escolas, academias, bancos e prédios comerciais que ofereçam abundância de luz natural. Na verdade, você começará a achar todos os prédios sem janela medonhos.

A LUZ E A SAÚDE MENTAL

É verdade, sem dúvida, que uma pessoa pensa de maneira diferente quando está sentada em uma sala sem janelas, luz natural ou ventilação do que quando se senta ao ar livre, cercada pela beleza da natureza. Todo mundo percebe que as pessoas, incluindo eu e você, se sentem e agem de maneira mais depressiva ou irritadiça quando expostas a muitos dias consecutivos de tempo nublado, chuvoso ou com neblina intensa do que em dias claros, luminosos e ensolarados. Os maravilhosos cenários da natureza combinados com o ar fresco e a luz do sol agem de maneira a acalmar e refrescar a mente.

Na edição de abril de 1982 da revista *Psychology Today*, há um artigo de Hal Hallman, especialista em ciência, que falava sobre novas descobertas relacionadas a ligações entre luz e saúde. Ele citou um caso de depressão grave que estava sendo tratado pelo psiquiatra Alfred J. Lewy. Nesse caso particular, o problema era devido à falta de exposição à luz do sol. O artigo dizia que

... todos os aspectos da saúde — mental e emocional, assim como físico — são de fato influenciados pela intensidade da luz à qual somos

Sexto passo: Períodos de ar fresco e luz do sol

expostos [...] a luz vem sendo usada no tratamento de várias doenças do sangue, da pele e outras partes do corpo [...] a luz também pode aliviar certos tipos de depressão, fadiga de vôo e problemas de sono.

Se todas essas coisas maravilhosas podem acontecer com aqueles que enfrentam problemas muito graves, pense no que o ar fresco e a luz do sol podem proporcionar a pessoas como eu e você, que sofremos apenas pequenos males, como resfriados recorrentes (o ar fresco e a luz do sol são germicidas), insônia (a luz do sol acalma os nervos), preguiça (a luz do sol é um estimulante saudável) ou depressão (a luz do sol é antidepressiva).

Há uma glândula no cérebro que pode ser alcançada pela luz que passa através dos olhos. A liberação de hormônios é controlada por essa glândula. Nosso sistema hormonal reage à luz, e os hormônios controlam muitas funções corporais, chegando a afetar nosso equilíbrio mental. Se você notar mudanças sazonais em seu humor — por exemplo, se tem alguma tendência à depressão no inverno e se sente muito bem na primavera, ou tende a ficar de mau humor nos dias chuvosos e alegre nos dias ensolarados —, isso pode ser sinal de que você precisa de *mais* exposição ao ar fresco e à luz do sol com regularidade. Para sua saúde física e mental, a exposição frequente ao sol e ao ar fresco precisa se tornar parte de seu estilo de vida.

Iluminação artificial

O ser humano jamais pode melhorar o que Deus criou, e isso inclui a luz. Hoje em dia, passamos muito tempo sob luzes artificiais que diferem drasticamente da luz do sol tanto em natureza quanto em intensidade. Na verdade, estudos revelaram que a luz fluorescente deprime, desanima e destrói determinadas vitaminas. Se você vive ou trabalha sob luzes fluorescentes, veja o que pode fazer para mudar essas condições. Se as fontes de iluminação regular ou natural não podem ser instaladas, veja se existe a possibilidade de trabalhar em outro local. Se não dá para mudar a iluminação nem é possível deixar o prédio, procure se certificar de que tomará muito ar fresco e luz do sol quando tiver oportunidade de sair. Se você é obrigada a passar muito tempo em um ambiente fechado, seu corpo está sendo prejudicado.

Procure usar iluminação natural sempre que possível. Se tiver a opção, escolha a luz em vez da escuridão; iluminação natural em vez da artificial; e iluminação padrão em vez da fluorescente. Tudo isso contribuirá para fazer uma grande diferença em sua saúde.

Por exemplo, se você tem algum trabalho a fazer (pode ser qualquer coisa, de escrever um livro a descascar ervilhas), faça isso onde possa pegar muito ar fresco e luz natural. Se estiver escrevendo uma carta, sente perto de uma janela aberta. Se estiver prendendo um botão em uma camisa, sente na varanda ou no degrau. Coma do lado de fora da casa sempre que puder; escolha restaurantes arejados e bem iluminados pelo sol, em vez daqueles tão escuros que até uma coruja teria dificuldade de encontrar o caminho da mesa. Quando tiver de escolher uma fonte de luz, escolha a mais natural possível.

A VIDA VEM DO SOL

O ar fresco e a luz do sol são revitalizantes e é atrás disso que estamos. Queremos mais vida e não mais doenças ou a morte lenta diária do corpo. Sem ar fresco e luz, nós e todas as formas de vida morreríamos.

Há características revitalizantes ocultas nos alimentos que crescem e amadurecem graças ao sol. Muitas dessas propriedades terapêuticas maravilhosas podem ser obtidas quando comemos frutas e legumes amadurecidos no sol. Os enormes poderes restauradores nesses alimentos servem para proporcionar grande força ao corpo. Pelo fato de os alimentos amadurecidos no sol serem absolutamente essenciais para a vida, tente fazer que 50% de cada refeição incluam

Sexto passo: Períodos de ar fresco e luz do sol

frutas e/ou legumes frescos. Se você tem quintal em casa e usa alimentos amadurecidos no sol, sua saúde será maravilhosa e radiante.

Nas plantas o sol produz a clorofila, que é um agente maravilhoso de limpeza e reparação do organismo. Na verdade, dizem que a clorofila é "a vida que vem do sol". É por isso que você vai ouvir muitos nutricionistas e médicos especializados em saúde recomendar beterraba, acelga, espinafre, salsa, endívia ou alface roxa em sua dieta. Toda aquela clorofila natural é terapêutica e restauradora.

Houve um período, há alguns anos, quando eu e meu marido tínhamos tempo de cuidar de uma horta. Cavamos uma grande parte de nosso quintal dos fundos, compramos um bocado de terra adubada, plantamos e cuidamos de nossos próprios legumes. Era muito revigorante trabalhar ao ar livre ha horta todos os dias, e serviu como uma terapia maravilhosa para toda a família. Tivemos muito sucesso, e a horta produziu grandes quantidades de vegetais lindos e banhados pelo sol. Se precisássemos de algo para o almoço e o jantar, bastava sair e colher da horta pouco antes de preparar.

Cuidar dessa horta não foi apenas uma experiência gratificante para todos nós; proporcionou incríveis benefícios para o corpo. Notei que as unhas das mãos ficaram longas e fortes como nunca; minha pele se tornou excepcionalmente clara e com uma cor muito saudável; meu cabelo ganhou mais brilho e volume; meu sono era mais profundo e saudável, bem melhor do que antes, e eu *nunca* acordava cansada; passei a me sentir mais forte e cheia de energia *o tempo todo*; e as pessoas viviam comentando a respeito de minha aparência mais saudável e descansada.

Os resultados daquela experiência também foram notáveis em todos os membros da família. Nenhum de nós se cansava à toa nem ficava doente naquela época. É claro que estávamos seguindo todos os Sete Passos para a Saúde Total o tempo todo. Foi uma diferença muito grande depois daquela descoberta: comer frutas e legumes frescos, cultivados e amadurecidos no sol e colhidos pouco antes de serem consumidos produzia efeitos terapêuticos e rejuvenescedores. E é dessa maneira que Deus sempre quis que nos alimentássemos.

Mais tarde, quando aquele período chegou ao fim e tivemos de viajar, manter uma horta que exigia cuidados diários se tornou impossível para nós. Foi então que descobri, a 8 quilômetros de nossa casa, um quiosque de frutas e legumes frescos maravilhosos que, entre abril e novembro, vendia legumes e frutas colhidos no próprio dia. Não era a mesma coisa de termos uma horta própria, mas vale a pena o trabalho que dá para obter os benefícios dos alimentos frescos cultivados e amadurecidos sob o sol. Pesquise e veja se não há um lugar como esse perto de você como alternativa aos alimentos colhidos prematuramente e amadurecidos de modo artificial.

FISICAMENTE ATIVA AO AR LIVRE

Conforme você vai ficando mais saudável a cada dia (vivendo em paz, comendo alimentos do jeito que Deus os criou, exercitando-se regularmente, bebendo muita água, jejuando e orando e descansando bastante), mais deseja estar ao ar livre, no ar fresco e sob o sol. Se, além disso, puder se envolver em algum tipo de atividade física enquanto está ao ar livre, será uma das melhores coisas que pode fazer a si mesma.

Não é saudável viver uma vida sedentária, sempre dentro de casa. Não fomos criados para viver assim, e nosso corpo sofrerá se continuarmos a fazer isso. Tenho visto homens e mulheres que viviam doentes, sofrendo de insônia e problemas nervosos se transformando em novas pessoas quando adotaram um programa de atividades físicas ao ar livre. A cor da pele mudou, e não estou falando de cosméticos, pois isso aconteceu no outono, quando não tinham como se bronzear. Dormiam melhor à noite, a atitude mental melhorou e eles se tornaram novas pessoas.

Natação, tênis, trilha, corrida, caminhada, plantio de sementes, corte da grama, conserto de uma tela quebrada, limpeza de janelas, lavagem do carro, faxina da varanda, pintura da casa, jardinagem, passear com o o bebê — seja qual for a atividade física que você imaginar que pode ser feita ao ar livre, faça. Mesmo que seja apenas por dez minutos, *vai* fazer diferença. Ao ar livre, até as pequenas tarefas deixarão de parecer deveres, e sim investimentos em sua saúde.

Qualquer atividade ao ar livre, até mesmo uma caminhada, aumenta a inalação de ar fresco. Mas entenda que há menos oxigênio em climas quentes do que nos frios. É por isso que você se sente mais alerta e ativa em um dia fresco de outono do que em épocas de muito calor. Evite fazer ginástica ao ar livre em qualquer situação extrema de clima — se está muito quente ou muito frio fique em um local fechado. Se você vive em uma região onde o ar é poluído, fique em lugar fechado nos piores dias e certifique-se de absorver o ar fresco e a luz do sol nos dias mais claros.

Você aproveitará melhor os benefícios dos Sete Passos para a Saúde Total se não negligenciar essa questão do ar e do sol. É como o óleo que mantém uma máquina funcionando bem. Você sentirá mais paz, melhorará a digestão, aproveitará os grandes benefícios do exercício físico, jejuará com maior facilidade, receberá melhor a ação purificadora da água e dormirá melhor à noite caso se dedique a atividades físicas ao ar livre como estilo de vida. Lembre-se de usar um bom protetor solar para a pele.

APRENDA A RESPIRAR

No capítulo sobre exercícios físicos falamos sobre a inalação de vida e a exalação das impurezas. O oxigênio revitalizante que inalamos através dos pulmões é carregado pelo sangue a todas as partes do corpo e trocado por dióxido de carbono. Se uma pessoa não toma ar fresco suficiente ou respira mal, há certos venenos presentes no organismo que não podem ser eliminados. Na verdade, uma das coisas mais importantes que acontecem durante o exercício físico é o que ocorre por todo o corpo devido à respiração profunda.

A vida é mais dependente do ar do que de qualquer outra coisa. Sem ele, a morte chega em questão de minutos. Quanto mais limpo for o ar que você respira, melhor se sente. Respirar o ar que outra pessoa já respirou não é nada saudável. Academias de ginástica que não possuem circulação de ar fresco não são boas para a saúde. Evite-as e procure lugares que tenham uma boa iluminação natural (janelas e claraboias), além de uma via para a circulação de ar fresco. Respirar ar viciado pode causar problemas nervosos, exaustão, tonturas, desânimo e dores de cabeça.

Todo mundo deveria "parar para respirar" o dia inteiro. Quando você se sente cansada porque o trabalho que faz requer mais atividade mental do que física, o exercício de respiração profunda pode fazer maravilhas. Pode ajudá-la a relaxar, e também a acordar. Trata-se de um mecanismo de equilíbrio corporal. Respirar fundo e devagar faz bem para todo o sistema nervoso. Trabalhei com instrutores de dança, terapeutas vocais, professores de canto e orientadoras de parto, e todos me ensinaram basicamente a mesma coisa: aprenda a respirar corretamente. O exercício básico que todos ensinavam consistia em quatro etapas:

1. Inale devagar contando até cinco. Ao expandir as costelas, as costas, a cavidade abdominal e os pulmões, sua respiração não será mais superficial, no peito. Você precisa se sentar ou ficar de pé, com o tronco ereto; os ombros e o peito não devem ficar projetados para a frente.

2. Segure o ar e conte até dois.

3. Solte o ar aos poucos contando até cinco até que tenha sido todo exalado.

4. Conte até dois e comece novamente. Repita cinco vezes esse processo.

É melhor inspirar pelo nariz e expirar pela boca. O nariz é equipado para filtrar e ajustar o ar, tornando-o perfeito para os pulmões, mas a boca não é. Você pode *soltar* o ar pela boca ou pelo nariz.

Não permita que o nível de dióxido de carbono aumente em seu corpo. Toda vez que você pensar nisso durante o dia, faça o exercício de respiração. Quando se sente zangada porque alguém lhe deu uma fechada na rua, ou está nervosa porque precisa fazer uma ligação urgente, ou o dentista está tratando o seu molar inferior, ou está atrasada, ou está esperando o elevador, ou está sentada há muito tempo no mesmo lugar, ou se sente esquisita, você deve respirar bem fundo. Descobrirá que quando o faz fica mais relaxada, revigorada, calma, racional e mais viva. Também verá que respirar fundo durante o dia ajuda você a dormir melhor à noite.

Faça o melhor que puder para verificar se o ar que respira é limpo. Peça sempre para sentar na área reservada aos não fumantes dos restaurantes. Se for fumante, livre-se desse hábito imediatamente. Milhões de pessoas já fizeram isso, incluindo eu e meu marido. Portanto, você também pode fazer. Não é uma coisa natural. Trata-se de um hábito completamente desnecessário que não faz bem algum e só faz que você cheire mal, envelheça mais rápido e morra cedo. Respirar a fumaça *dos outros* também é muito ruim para você. Faça de tudo para evitar isso. Deus não criou o ar cheio de fumaça. É claro que isso é criação do ser humano.

Se você sempre se lembrar de que o ar é como o alimento, tomará cuidado para respirar bem e bastante, e fazer isso o mais próximo possível do jeito que Deus planejou. O oxigênio é desintoxicador. Ele remove os venenos do corpo, e qualquer coisa que faça isso tem a propriedade de ampliar o tempo de vida.

Se o lixo expelido pelos pulmões fica retido, o sangue fica sujo. Lembre-se: sangue sujo é solo fértil para doenças. Por isso, continue respirando!

COMO MONTAR UM GUARDA-ROUPA SAUDÁVEL

Sua pele também respira, e é bom se lembrar disso. Respiramos através dos pulmões, mas também através dos poros. *Vestir roupas ventiladas é vital para a saúde.* Aprendi isso com muitas nutricionistas, e essa verdade teve um efeito transformador em minha vida. Isso pode parecer bobo ou insignificante, mas quando você usa roupas feitas com fibras 100% artificiais, isso gera uma restrição à circulação do sangue e a uma deficiência de energia.

Tenho assistido a demonstrações de como tecidos artificiais podem roubar a força e a energia de quem os utiliza. Você consegue lembrar, com toda sinceridade, de algumas roupas da moda que cansam quando as usa? Talvez seja por causa do peso ou por serem apertadas demais — ou, então, pode ser que tenham muitas fibras artificiais no tecido. É algo para pensar.

Por que permitir que as roupas que você veste restrinjam sua vida, seus níveis de oxigênio ou sua energia? Tente usar roupas de algodão mais soltas por uma semana e veja se isso não lhe proporcionará mais energia. Não estou dizendo que você tem de sair correndo e jogar fora todas as camisas de poliéster; só estou explicando que, como estilo de vida, usar fibras naturais é mais saudável. Repito: você não precisa ser legalista quanto a isso; deve ser consciente. Quando tiver a oportunidade de escolher, faça-o em favor de fibras naturais, se possível.

Se você estiver se sentindo fraca ou debilitada, pense na possibilidade de usar roupas 100% de algodão por alguns dias. Não acredito que o seu corpo est ja cansado *por causa* dos vestidos de náilon, mas acredito que ele mereça um pouco de descanso dessas roupas que o levam à exaustão. Faça um teste. Veja se não há peças de seu guarda-roupa que exigem mais esforço para serem usadas que outras.

Tente equilibrar o uso. Se o seu guarda-roupa só tem peças de tecido sintético, tente comprar alguma coisa de algodão, seda ou lã da

Sexto passo: Períodos de ar fresco e luz do sol

próxima vez que for às compras — ou, pelo menos, que tenha 70% de algodão, por exemplo. Veja se isso não fará diferença, especialmente em condições extremas de clima, quando a temperatura e a umidade do ar exigem muito do corpo. Há muita coisa a se dizer em relação às substâncias criadas por Deus. Sempre compre roupas que permitam ao seu corpo respirar e não restrinjam a sua circulação. É importante para a saúde.

Equilíbrio, equilíbrio, equilíbrio

As pessoas desenvolvem diferentes tipos de problemas quando pegam sol demais e costumam culpá-lo por isso. Na verdade, o problema é com o próprio corpo muito intoxicado que não consegue lidar com a luz do sol. Falta a essas pessoas a sabedoria para entender quanto sol devem tomar. Deus criou o ser humano para viver ao ar livre, sob o sol. Ele também deu ao homem a noção de que deve se abrigar desse sol quando fica quente demais.

Algumas pessoas chegam a extremos e cozinham sob o sol, causando danos à pele. Outras parecem nunca terem visto a luz do dia, pois não fazem nada ao ar livre, de jeito nenhum. Repito: é preciso equilíbrio. Os raios do sol fornecem energia e vida, mas em excesso podem ser destrutivos. A superexposição e as queimaduras provocadas pelo sol são nocivas e podem causar uma reação tóxica no corpo. Há outros problemas de saúde (o maior deles é o câncer de pele) que podem ocorrer por causa da constante exposição ao sol.

É importante fazer distinção entre os períodos de ar fresco e luz do sol como parte natural da vida e ficar deitada na mesma posição na praia por horas e horas. Não estou sugerindo a você que corra uma maratona em um dia de neblina ou vá nadar quando estiver nevando. Estou falando de dias muito agradáveis sem extremos — vá para a rua, aproveite e respire fundo. São dias lindos que o Senhor criou; alegre-se por eles.

Se você estiver disposta a receber a luz direta do sol, comece com pequenos períodos de tempo, se não estiver acostumada: dez minutos nos meses da primavera e do verão e vinte minutos no outono e no inverno. Aumente esse tempo aos poucos. Os melhores raios do sol são os do início da manhã e do fim da tarde. Depois das dez da manhã até as duas da tarde, os raios são mais fortes e podem ser nocivos. Você também pode prejudicar a sua pele se ficar muito tempo exposta ao sol. Faça isso gradativamente e nos meses do verão sempre use um filtro solar para se proteger.

Vou repetir mais uma vez: deve haver equilíbrio entre todos os Sete Passos para a Saúde Total. Esse relacionado ao ar e ao sol pode até não parecer tão importante quanto os outros, mas é. Mesmo quando não há sol, você ainda pode pegar ar fresco. Só tome cuidado para não ficar com muito frio. Aproveite o tempo bom quando possível, saindo de casa e absorvendo o ar fresco e a luz do sol. Quando o tempo estiver ruim, concentre-se nos outros passos. Lembre-se: há uma linha tênue entre a falta de sol, que causa deterioração e vulnerabilidade a doenças, e excesso de sol, que causa envelhecimento precoce. Equilíbrio, equilíbrio, equilíbrio!

TRANSFORME EM HÁBITO

Como todos os outros passos, respirar ar fresco e tomar sol não aconteceu de uma hora para outra comigo. Eu nunca fui de sair, principalmente todo dia. Raramente via a luz do dia a maior parte do ano. Então, no verão era capaz de assar, queimar e descascar em questão de seis semanas. Quando comecei a me dar conta de como Deus planejou que vivêssemos no sol e no ar fresco e limpo, tive de colocar isso em minha agenda. Parece absurdo, eu sei, mas descobri que não era a única pessoa. Muita gente entre as minhas alunas tinha o mesmo problema. Não que se negassem a cumprir esse passo, apenas se esqueciam. Assim, comecei dando a elas uma agenda semanal. Elas tinham

Sexto passo: Períodos de ar fresco e luz do sol

de passar dez a quinze minutos no ar fresco e ao sol. Isso as ajudou a estabelecer novos padrões de vida e romper com antigos hábitos.

O mesmo vale para você. Pode ser que precise anotar isso em sua agenda de maneira que possa se lembrar de passar um tempo ao ar livre e sob o sol todo dia. Se cumprir este e os outros passos por três meses, você terá estabelecido alguns padrões para toda a vida que a manterão saudável, jovial, atraente e cheia de vida. Uma vez que esses hábitos se estabeleçam, você passa a não precisar mais pensar neles o tempo todo. Eles se transformam em um estilo de vida.

Você mora em um lugar com janelas e muita luz natural? Essas janelas podem ser abertas para permitir que o ar fresco circule? Caso não possam, certifique-se de poder aproveitar alguns intervalos durante o dia para sair à rua. Se não dispuser de um quintal nos fundos da casa, de um pátio, de um parque nas redondezas, e se não se sente segura para caminhar em volta do quarteirão de sua vizinhança, então pelo menos abra uma janela e sente sob o sol, pegando ar puro por algum tempo enquanto lê um livro, limpa os sapatos ou faz alguns exercícios de alongamento. Se você vive em um lugar escuro, sem ar fresco e luz do sol e onde não é seguro praticar atividades fora de casa (e, mesmo que fosse seguro, o ar seria poluído demais), pense na hipótese de se mudar de um ambiente tão pouco saudável para outro mais agradável.

Você se surpreenderia ao saber quantas dores de cabeça, quantas atitudes negativas e quantas doenças são causadas pela poluição do ar *dentro* de casa. Fique atenta aos perigos de certos produtos, compre os menos tóxicos quando puder e mantenha sua casa bem ventilada quando usá-los. Verifique se há alguma substância em sua casa que polua o ar. Coisas como inseticidas, *spray* para cabelo, desodorizadores de quarto e produtos de limpeza para o banheiro podem contribuir para atacar o seu organismo. Tenho a noção de que são importantes em determinados momentos, mas não os use com frequência ou em excesso.

Se você sente que está ficando frustrada, irritadiça ou precisa de uma nova atitude geral, tente caminhar ao ar livre para pegar ar fresco e luz do sol. É possível que volte para casa vinte minutos depois se sentindo uma nova pessoa. "Ninguém é capaz de entender o que se faz debaixo do sol" (Ec 8:17).

Tudo isso pode parecer insignificante, mas lembre que TUDO QUANTO VOCÊ FAZ É IMPORTANTE — para o bem ou para o mal. Isso conta pontos para a vida e para a morte. Toda vez que estiver diante de qualquer tipo de decisão, não importa se pequena ou grande, opte pela vida! ESCOLHA A VIDA! Ar fresco e luz do sol dão mais vida.

Palavras verdadeiras

"Disse Deus: 'Haja luz', e houve luz. Deus viu
que a luz era boa, e separou a luz das trevas."
GÊNESIS 1:3-4

"... do nascente ao poente saibam todos que não há ninguém
além de mim. Eu sou o SENHOR, e não há nenhum outro.
Eu formo a luz e crio as trevas..."
ISAÍAS 45:6-7

"A luz é agradável, é bom ver o sol."
ECLESIASTES 11:7

"Envia a tua luz e a tua verdade; elas me guiarão..."
SALMOS 43:3

"A luz raia nas trevas para o íntegro."
SALMOS 112:4

"... porei um espírito em vocês, e vocês terão vida.
Então vocês saberão que eu sou o SENHOR."
EZEQUIEL 37:6

"Quem afirma estar na luz mas odeia seu irmão,
continua nas trevas."
1JOÃO 2:9

sétimo passo

Descanso perfeito

Todo mundo anseia, busca e faz tudo o que pode por um sono profundo, saudável, rejuvenescedor e reparador. Mas são raros os que conseguem fazer isso regularmente. A maioria das pessoas dorme mal, de maneira irregular e superficial, com várias interrupções. As horas que dormimos também podem ser reduzidas ou excessivas, esquisitas ou nada naturais. Apelamos para tranquilizantes, pílulas para dormir, álcool, drogas, televisão ou qualquer outra coisa que sirva para nos entorpecer a mente, interromper o processo do pensamento e libertar a consciência. Ainda assim, acordamos nos sentindo como se nem tivéssemos chegado a dormir.

O sono é uma parte natural da vida e deveria chegar com facilidade. Por que isso não acontece? O que exatamente nos leva a ficar inquietos na cama, virando de lado o tempo inteiro? Por que é tão difícil parar de pensar e adormecer? Por que uma lobotomia frontal parece ser, às vezes, a única solução para esse problema? Geralmente, a razão pela qual não dormimos à noite é não estarmos vivendo da maneira que Deus planejou que vivêssemos durante o dia.

MAIS DO QUE UM BOM COLCHÃO

Dormir é absolutamente essencial para a boa saúde e para a vida. Para muita gente, não é problema nenhum. Mas para milhões de pessoas, o sono é anormal ou irregular, e há quem nunca durma muito mesmo.

Sei o que é isso porque sofri com insônia durante anos — desde o fim da infância até Deus me mostrar os Sete Passos para a Saúde Total, quando comecei a aplicá-los de maneira rigorosa em minha vida.

Descobri que, se eu negligenciasse um dos primeiros seis passos, meu sono pagaria o preço. Quando fiquei totalmente em paz em todos os aspectos de minha vida (tudo apresentado a Deus diariamente); quando passei a comer os alimentos do jeito que Deus os havia criado; quando passei a fazer muitos exercícios, tomar ar fresco, sol e água; e quando assumi o hábito de orar e jejuar, então comecei a dormir muito bem. Veja bem, o sono é algo que acontece com naturalidade quando o corpo está saudável.

Há outros extremos também. Algumas pessoas dormem quase o tempo todo. Elas parecem precisar de quinze horas de sono por dia, e o fazem na aula, no trabalho, em festas, durante um sermão na igreja e até na estrada. Essa tendência indica que há algo fora de equilíbrio no organismo. O Senhor nos deu um tempo para ficarmos acordados e um tempo para dormir. Um corpo saudável não se confunde com isso. As pessoas mais saudáveis precisam apenas de sete a nove horas de sono a cada período de 24 horas. Ambos os extremos — falta ou excesso — demonstram falta de equilíbrio e sinalizam que há alguma coisa em seu estilo de vida que precisa ser realinhado.

O descanso é o último dos Sete Passos para a Saúde Total não porque seja o menos importante, mas porque, quando todos os outros são reconhecidos e seguidos, o sono reparador surgirá como resultado automático. Não será mais necessário forçá-lo, lutar para que aconteça nem usar medicamentos. Na verdade, você nem precisará mais se preocupar com isso, a não ser por algumas preparações e precauções simples.

Nada de substitutos

Muitos leitores deste livro têm usado drogas ou álcool regularmente como substitutos para o sono reparador. Se este é o seu caso, vamos lá,

Sétimo passo: Descanso perfeito

admita. Enterre a cabeça no livro e diga: "Deus, confesso que uso substitutos para o sono com frequência". Não entre no discurso: "Quem, eu? Uma cristã como eu? Uma anciã? Uma professora de escola dominical? Por quê? Entrego os dízimos e as ofertas, meus filhos estudam em um bom colégio cristão, eu leio a Bíblia, oro, sou uma boa pessoa. Eu?".

Por favor, não estou acusando você de ser uma viciada em drogas. Na verdade, nem mesmo desejo colocá-la na berlinda. Só quero que você se examine sem culpa ou autorreprovação. Quero convidá-la a viver da maneira que Deus planejou, de modo mais saudável. Meu desejo é que você viva muito bem, como ele sempre quis. No entanto, não é possível ter boa saúde na vida se você usa substitutos em qualquer área com frequência.

Veja bem, o problema de usar drogas, seja analgésicos, remédios para emagrecer ou sedativos, é que essas coisas só servem para esconder o problema. Ele não está sendo resolvido — continua ali, você apenas o mascarou. E enquanto ele estiver apenas mascarado, não dá para saber o que acontece de fato com ele. Não estou querendo dizer que em casos extremos a pessoa não deva usar um analgésico, um tranquilizante, pílulas para dormir ou outros medicamentos receitados por um médico. Só estou comentando que há certo perigo em se automedicar com frequência. Você sempre paga por cada ato não natural de sua vida, e em algum momento futuro terá de pagar por isso no corpo, assim como na mente e no espírito.

Há tragédias suficientes acontecendo na vida, nas quais você pode precisar se valer de uma dessas "bênçãos médicas". Não faça mau uso delas, tornando-as uma maneira de escapar dos problemas do dia a dia. Não permita que os remédios se transformem um estilo de vida. Se você sempre confia na aspirina ou na codeína para se livrar da dor de cabeça sem chegar nem perto do motivo que a leva a ter esse problema, como será capaz de dar os passos necessários para eliminar a fonte do problema?

O mesmo vale para o sono. O sono que se tem à base de medicamentos é substituto, não é um sono de verdade. Garanto a você que um substituto ao sono é melhor do que não dormir, mas usar substitutos do sono como estilo de vida vai destruir o seu corpo e sua mente aos poucos, levando você à morte antes da hora. Você pode e deve se livrar dessas coisas. A maneira de fazer isso é por meio dos Sete Passos para a Saúde Total. Siga-os e mantenha todos em equilíbrio. Com o tempo, não precisará mais de um substituto sequer em sua vida.

Permita-me repetir que minha intenção não é a de fazer você se sentir culpada por usar medicamentos. Por exemplo, quando a pessoa sente uma dor muito forte, ela deve tomar um remédio. Afinal de contas, a dor pode traumatizar o corpo e talvez causar mais estragos do que um remédio. Só não faça dos remédios seu estilo de vida. Encare da seguinte maneira: melhorar e se livrar dos medicamentos é a sua meta. Não se acomode com *nenhum* tipo de substituto em *nenhuma* área da vida.

SEM DESCANSO NÃO DÁ PARA VIVER

Você sabia que dormir é tão necessário à sobrevivência quanto o ar, o alimento e a água? Sem ar, você não consegue sobreviver por mais de cinco minutos; sem alimento, não mais que noventa dias; sem água, por mais de uma semana. Mas se você não dormir nem um pouco por mais de dez dias, morre. Nada mais substituirá seu sono.

Já ouvi algumas pessoas dizerem: "Vou comer mais hoje porque não dormi muito a noite passada". Não é assim que a coisa funciona. Uma coisa não pode ser trocada pela outra. Na verdade, o sono é mais vital do que o alimento. Isso foi provado em uma experiência realizada por um médico e professor, e os resultados foram publicados em uma revista distribuída nos Estados Unidos.

Esse professor manteve uma ninhada de filhotes acordada por cinco dias. Ao fim desse período, todos os animais morreram, embora fossem

Sétimo passo: Descanso perfeito   215

bem alimentados o tempo todo. Enquanto isso, outra ninhada podia dormir quanto quisesse, mas não recebia nenhum tipo de alimentação durante vinte dias. Terminado aquele período, os filhotes estavam muito fracos, mas todos se recuperaram totalmente quando voltaram a ser alimentados. Esses resultados não chegam a surpreender.

O *Dicionário Houaiss da língua portuguesa* assim define o sono:

> Estado fisiológico temporário, que ocorre periodicamente, caracterizado por supressão da vigilância, desaceleração do metabolismo, relaxamento muscular, diminuição da atividade sensorial, suspensão das experiências conscientes que estão referidas no momento ao indivíduo e ao mundo e pela aparição concomitante de sonhos.

Durante o sono, o alimento é transformado em tecido. Certa quantidade desse tempo é necessária para isso, assim como para livrar o corpo de alguns venenos.

As células de seu corpo são reparadas e se reproduzem mais rapidamente quando você está dormindo do que quando está acordada e todas as funções do corpo estão em velocidade máxima. É por isso que não há substituto para o sono. Na verdade, ele muda a estrutura do sangue. Há certas coisas que precisam acontecer em seu corpo que *só* acontecem durante o sono. Um tranquilizante ajuda a dormir, mas interfere em alguns processos necessários de seu corpo durante o sono.

Ser saudável, atraente e bonita depende de um sono bom e profundo. A falta de sono pode até se tornar um fator de aceleração do envelhecimento. E se não conseguir dormir o suficiente por muito tempo, você pode morrer. Um dos tipos de tortura usados em tempo de guerra era manter as vítimas acordadas até o ponto da insanidade ou quase morte, qua do estariam prontas para ser programadas a fazer qualquer coisa. Subestimamos a poderosa necessidade de sono e a destruição que acontece no corpo quando somos privados desse descanso.

OS LADRÕES DO SONO

Como o corpo se recompõe e restaura durante o sono (especialmente a corrente sanguínea), temos de tomar as providências necessárias para que o sono seja adequado. Consegue se lembrar do que mencionei sobre a necessidade de manter o sistema circulatório limpo? Bem, isso é impossível sem um sono saudável.

Uma das principais causas de insônia é o *excesso de comida* e *a ingestão de alimentos que geram toxinas*. Todos os itens da lista de alimentos a serem evitados são ladrões do sono. Quando o corpo está repleto de toxinas, os nervos ficam constantemente irritados até que o lixo tenha sido eliminado. Você não será capaz de dormir bem, pois os nervos estarão irritados. *O sono é retardado se há toxinas em seu corpo.*

Preocupação, medo e *ansiedade mental* também são ladrões do sono. Eles impedem que a pessoa adormeça rapidamente e a acordam no meio da noite. Se você é uma daquelas pessoas que acorda durante a madrugada e não consegue mais dormir de novo, procure ver se não está reprimindo seus problemas, em vez de lidar com eles. Isso sempre retarda o sono. Razões psicológicas para não dormir devem ser apresentadas a Deus imediatamente. O sono é natural. Deus criou você para dormir. Não aceite a privação desse sono. Vá até o fundo do problema que a está impedindo de dormir e tome as providências para resolvê-lo.

Quem dorme *em excesso* também pode ter excesso de toxinas no corpo ou sofrer com preocupações, medo e ansiedade mental. Ao adotar os processos de vida natural e reduzir a quantidade de venenos causadores de fadiga presente no corpo, a ansiedade pelo sono será reduzida.

A maioria das vítimas de insônia são aquelas pessoas cuja ativi-

Sétimo passo: Descanso perfeito

dade mental é muito maior do que a física. Quando os problemas são a falta de exercícios e uma dieta deficiente em todos os sentidos — principalmente de cálcio —, são grandes as chances de a pessoa não conseguir descansar do jeito que Deus planejou. Lembra do que comentei sobre como a exposição ao sol auxilia na absorção do cálcio? Se você não consegue dormir bem à noite, não haverá atividade física ao ar livre nem banho de sol que resolva a situação.

Muito barulho, excesso de luz, condições inadequadas, roupas não apropriadas, pouca circulação de ar, calor demais, colchão muito duro, muito mole ou muito irregular — tudo isso impedirá você de dormir o quanto precisa. Tome algumas providências para mudar qualquer coisa que possa roubar o sono.

Passos para garantir um sono saudável

Conscientize-se, aqui e agora, que um sono gostoso, saudável, profundo, reparador e rejuvenescedor é um direito natural que Deus lhe concedeu. Tudo quanto você tem de fazer é viver do jeito que Deus planejou. A lista a seguir oferece sugestões que podem ajudá-la, caso não esteja dormindo tão bem quanto deveria:

1. *Vá para a cama mais cedo.* Dizem que as horas de escuridão que antecedem a meia-noite são as que proporcionam mais descanso e fazem mais bem. Deus fez a escuridão para o descanso. Foi provado que o melhor sono é durante essas horas de escuridão. É claro, sei que nem sempre é possível, mas se você pode escolher, torne isso parte de seu estilo de vida. Deus não nos fez para ficar acordados a noite inteira e dormir o dia todo. Você verá que pode dormir oito horas, das nove da noite às cinco da manhã, e acordar se sentindo renovada, com mais energia e a mente mais clara do que se dormisse as mesmas oito horas, só que das quatro da manhã até o meio-dia. Como eu disse, há uma qualidade de sono que só acontece nas horas que antecedem a meia-noite. (Se você é uma dessas pessoas notívagas, então o Senhor

deve tê-la feito assim para cumprir algum propósito, e a graça divina será suficiente.)

2. *Aproveite alguns intervalos durante o dia e descanse totalmente por dez minutos.* Você se surpreenderá ao ver como isso a ajuda a dormir melhor à noite. Se possível, aproveite esses pequenos intervalos para pegar ar fresco e tomar banho de sol para obter benefícios ainda maiores.

3. *Faça exercícios respiratórios com frequência.* Fazer os exercícios de respiração profunda que mencionei no capítulo anterior ajuda a limpar as toxinas de seu organismo e acalma os nervos.

4. *Aumente a carga de exercícios.* Assegure-se de que sua atividade física seja equivalente (ou ainda maior) à atividade mental. Isso também ajuda a eliminar as toxinas que irritam os nervos e causam insônia.

5. *Respire muito ar fresco e tome muito sol.* Lembra de como é gostoso tirar uma soneca quando se volta de um dia inteiro na praia? Toda aquela vitamina D produzida quando o sol bate em sua pele faz que você absorva cálcio, que acalma os nervos. Se você tem problemas frequentes para dormir, preste atenção especial a esse passo.

6. *Coma alimentos do jeito que Deus os criou.* Alimentos naturais, especialmente frutas e legumes frescos, exercem um efeito calmante sobre os nervos. Mantenha o organismo livre das toxinas que perturbam o sono comendo os alimentos que Deus criou.

7. *Tome banho morno para relaxar.*

8. *Tome chás de ervas — os relaxantes, como o de camomila. Não tome estimulantes.*

9. *Passe por uma sessão de massagem no corpo ou nos pés.* Ambas são calmantes, terapêuticas, saudáveis e ajudam a proporcionar um bom sono.

10. *Jejue e ore.* Isso, sem dúvida alguma, ajudará você a dormir melhor. Ainda que seja verdade que, às vezes, a pessoa não dorme tão bem durante um jejum quanto gostaria, *depois* da abstinência ela

Sétimo passo: Descanso perfeito

dormirá melhor que nunca por causa da eliminação das toxinas do organismo. O jejum regular é um auxílio ao sono restaurador.

11. *Tire sonecas.* Uma soneca de vinte a trinta minutos durante o dia é eficaz, se você puder se disciplinar para isso. Não dá para dormir direito se a pessoa estiver cansada demais. (É meio engraçado, mas é verdade.)

12. *Mantenha o quarto escuro e quieto.* Muito barulho e muita luz interferem no sono.

13. *Compre um bom colchão.* Um que não seja muito duro, muito macio ou muito irregular. Um bom colchão vale o preço: trata-se de um investimento para sua saúde e pode afetar positivamente sua atitude.

14. *Certifique-se de que o quarto tenha boa ventilação.* É importante que o quarto de dormir não seja muito quente, abafado ou cheio de ar viciado. Muita gente dormindo em um quarto não é nada saudável.

15. *Viva em paz.* Como você sempre descansará mais se estiver em paz quando for para a cama, evite que a última coisa a entrar em sua mente antes de se deitar seja uma história de horror na televisão, as notícias chocantes do telejornal, uma ligação telefônica agitada ou um livro muito estimulante. Em vez disso, converse rapidamente com Deus ou leia alguns versículos de sua Palavra. Se há alguma coisa pesando em sua mente, apresente-se diante do Senhor e conte a ele cada detalhe. Não leve nenhum problema para a cama. Entregue tudo a Deus e durma na confiança de que você entregou a questão em oração.

16. *Permita-se meia hora de desprendimento total.* Sei que esse é um passo difícil de dar com regularidade se você é uma pessoa muito ocupada e tem uma agenda muito cheia, mas se puder resolver isso, os benefícios serão enormes. Permita-se passar meia hora antes de dormir sem fazer nada além de se desprender de tudo. É um grande auxílio ao sono restaurador. Por exemplo, se você precisa acordar às cinco da manhã (talvez para passar um tempo com o Senhor antes do restante da família acordar, uma hora depois), precisa dormir às nove da noite.

Assim, das oito e meia até as nove, fique sem fazer nada. Livre-se das preocupações do dia, esqueça o projeto em que está trabalhando e não pense em nada que possa causar ansiedade à sua mente durante a noite. Você pode usar esse período para ler a Bíblia ou um livro, folhear uma revista, tomar um banho relaxante, sentar em uma poltrona confortável, ver um programa calmo na televisão, se preparar para dormir, aconchegar-se ao seu marido ou qualquer outra coisa que passe por sua cabeça e que seja uma boa maneira de terminar o dia. A ideia é acalmar o espírito, a mente e o corpo de maneira a se preparar para uma boa noite de descanso, da qual sairá totalmente revigorada e pronta para a manhã seguinte.

17. *Adote um ritual noturno.* Psicólogos me disseram que estabelecer um hábito composto de pequenas atividades a serem realizadas antes de deitar ajuda a preparar a mente e o corpo para o sono. Deve ser alguma coisa bem simples, como lavar o rosto, escovar os dentes, pentear o cabelo, cobrir as crianças, tirar o gato do quarto e desligar as luzes. Uma coisa para se lembrar para o resto da vida é que as mudanças despertam e os hábitos fazem adormecer. Verifique se você não mantém algum tipo de rotina simples que cumpra toda noite. Alegre-se por esses pequenos hábitos noturnos e não tema a ansiedade, pois esse ritual serve para sinalizar ao corpo que você está se desligando à noite e preparando-se para dormir.

18. *Lembre-se de orar.* Se você acordar no meio da noite e não conseguir voltar a dormir dentro de meia hora, é melhor se levantar e conversar com o Senhor ou ler a Palavra que ficar deitada e acordada pelo resto da noite e levantar zangada pela manhã.

19. *Confira todos os Sete Passos para a Saúde Total regularmente.* Lembre-se de que cada um deles afeta os outros, e que todos devem estar em equilíbrio. O resultado automático da purificação de seu corpo por meio de alimentação adequada, exercícios físicos, muita água, ar fresco e sol, jejum e oração, combinados com paz na mente e no coração, pro-

piciam um sono rejuvenescedor. Se todos os passos forem seguidos por completo, o sono chega automática e naturalmente. Se você não está dormindo direito, verifique se um dos passos está fora de equilíbrio.

20. *Não use roupas desconfortáveis.* Use roupas largas, confortáveis, feitas de materiais que permitam a ventilação para a pele.

21. *Sob nenhuma circunstância beba álcool, café, chá ou refrigerante para, em seguida, usar tranquilizantes ou remédios para dormir.* Qualquer uma dessas coisas, por si, já é ruim para o organismo. Certas combinações são mortais. Comece a considerá-las excluídas de seu novo estilo de vida. Se o seu corpo está cheio de toxinas de *qualquer* tipo, você não conseguirá dormir bem.

PARE TUDO

Eu e meu marido tivemos de aprender que as férias não constituem um luxo, mas uma necessidade espiritual. Ambos temos a tendência de sermos viciados em trabalho. Tivemos de aprender a equilibrar o trabalho com o *divertimento* e a parar com todo o trabalho para nos desvencilharmos do mundo cotidiano e passarmos um tempo descansando de verdade. Tivemos de ser ensinados a tirar férias.

As férias são importantes porque todo mundo precisa parar o trabalho diário de vez em quando, relaxar e se divertir um pouco. Permita que suas férias lhe proporcionem isso e não as torne mais um fardo. Por exemplo, fazer uma viagem de carro de cinco dias por estradas em péssimo estado do interior do país para chegar a um lugar sem graça não tornará você uma pessoa melhor ou mais saudável. Dá menos trabalho ficar em casa. Aprenda a descansar.

Eu me lembro das primeiras férias de verdade que tirei com meu marido. Não foi só um fim de semana fora, mas uma viagem de duas semanas ao Havaí. Chegamos e nos hospedamos no hotel tarde da noite, por isso só tivemos tempo para jantar. Por conta do fuso horário, estávamos de pé às cinco da manhã do dia seguinte. Fomos correr na praia, nadamos na praia e na piscina, jogamos tênis, andamos a cavalo, mergulhamos no mar, tomamos um belo café da manhã — tudo antes das nove da manhã. Éramos dois *workaholics* hiperativos de Los Angeles que, nos treze dias e vinte horas restantes das férias, tivemos de aprender a relaxar, baixar o ritmo, deitar e conversar. Tivemos de *aprender a descansar*.

Muita gente na Bíblia, incluindo Jesus, saía ou se afastava do mundo por algum tempo para descansar um pouco. Você não precisa ir até a China para se sentir distante — pode fazer isso a apenas uma hora de casa. A questão é se afastar e fazer alguma coisa diferente, experimentar uma mudança de cenário e de estilo de vida. Se você mora na cidade, vá à praia, ao lago, ao campo, à floresta ou às montanhas. Se vive uma vida tranquila, perto da natureza, em uma fazenda ou um rancho, talvez queira ir até a cidade, ver os cartazes e se lembrar de todas as coisas que não lhe fazem falta nenhuma.

As férias constituem uma boa oportunidade para aproveitar a presença de Deus e toda a criação divina de maneira rica e completa — para meditar sobre o Senhor e ter uma experiência mais plena com ele. Se você é esposa e mãe, pode estar se perguntando como fazer isso sem deixar o marido e os filhos em casa e sair de férias sozinha. Admito que isso é difícil, mas depende de como você encara as coisas.

Ter um período para se comunicar com toda a família sem interrupções pode ser uma forma de se comunicar com Deus também. Ele diz: "O que vocês fizeram a algum dos meus menores irmãos, a mim o fizeram" (Mt 25:40). Quando ministramos a alguém que precisa de nós, estamos ministrando a Deus também. Ao nos comunicarmos de uma maneira profunda e significativa com nossos familiares, passamos por uma experiência espiritual.

Sair de férias com a família proporciona tempo para estreitar os laços familiares e a comunicação. Há uma intimidade que se desenvolve durante esse tempo que todos passam juntos, e também é uma opor-

Sétimo passo: Descanso perfeito   223

tunidade de lidar com as coisas que precisam ser resolvidas, como traços de personalidade nocivos que você percebeu nos seus filhos, mal-
entendidos que devem ser esclarecidos ou a falta de comunicação que
pode estar acontecendo sem que ninguém perceba. Estão todos juntos
no mesmo carro, no mesmo avião, no mesmo quarto, na mesma bar-
raca de *camping*, na mesma mesa de restaurante, e é possível ver onde
você errou em termos de amor, disciplina, comunicação, compreensão.
Agora é a oportunidade de consertar o que está errado.

Quanto maior o tempo entre um período e outro de férias, menor
é o tempo que todos passam juntos em casa, mais negligente você
se torna para lidar com os problemas e mais evidentes essas coisas se
tornarão durante as férias. Não se desespere se tudo isso vier à tona
na forma de uma discussão. Isso não significa que as férias são uma
perda de tempo e que o melhor a fazer é ir para casa. Seja grata por
essas coisas se evidenciarem e aproveite a oportunidade para consertar o que está errado e estreitar os laços familiares. É um tempo de
purificação interna para a família.

Você ganha uma nova perspectiva a respeito da vida quando sai
de férias. Passa a ver a vida a partir de um ponto de vista diferente:
consegue distinguir o que está fora de equilíbrio, o que está fazendo
de errado e o que está fazendo do jeito *certo*. Você percebe o que
sustenta e o que solapa a estrutura da vida. As férias ajudam a tomar
decisões mais claras sobre como se livrar do lixo e manter as coisas
positivas. Lembre-se: os primeiros dias de férias devem ser dedicados
a se desligar de tudo e mudar o estilo de vida. É na segunda metade
que acontecem os processos de cura, crescimento, aprendizado, comunicação e descanso profundo.

Fique atenta para saber se você está dedicando às férias a prioridade que elas merecem. As pessoas que nunca saem de férias acabam
levando o trabalho e as atividades do dia a dia muito a sério. Se você
não parar de trabalhar para se permitir um tempo para renovação e

revigoramento, pagará o preço em termos de saúde e relacionamento com Deus e com os outros.

SANTIFIQUE O SÁBADO

Repetidas vezes, a Bíblia menciona a observação do sábado como um dia sagrado, dedicado ao descanso. A maior parte dessas passagens das Escrituras está no Antigo Testamento. A mais conhecida está entre os Dez Mandamentos: "Lembra-te do dia de sábado, para santificá-lo. Trabalharás seis dias e neles farás todos os teus trabalhos, mas o sétimo dia é o sábado dedicado ao SENHOR, o teu Deus" (Êx 20:8-10). Deus criou esse único dia de descanso e o concedeu aos seres humanos como uma dádiva. "Vejam que o SENHOR lhes deu o sábado" (Êx 16:29).

Jesus afirmou que não veio para cancelar as antigas leis: "Não pensem que vim abolir a Lei ou os Profetas; não vim abolir, mas cumprir" (Mt 5:17).

Uma parte importante da antiga lei é a separação de um dia para descanso: o dia sabático. Deus sabia que precisaríamos de um dia para suspender todas as atividades da semana e se dedicar ao descanso e ao revigoramento no Senhor. Não precisa ser no domingo, pode ser em qualquer dia. Muitos pastores observam o sábado na segunda-feira, pois para eles o domingo certamente não pode ser considerado um dia de descanso.

Se você trabalha cinco dias por semana, use um de seus dias para cumprir todas as tarefas domésticas, um dia para "fazer", e o dia seguinte para descansar e buscar a Deus, um dia para "ser". Não estou sugerindo que isso deva se tornar um fardo legalista. Sinta-se em liberdade para fazer isso. Seu dia de descanso deve ser um dia no qual você não se preocupa com as contas, não tem a mente ocupada com o novo projeto, não vai para o escritório, não limpa a casa. Você descansa de tudo quanto fez durante a semana.

Mais uma vez, crianças e cônjuges estão dispensados. Não dá para acordar pela manhã e gritar para seu filho de dois anos: "Faça o seu café da manhã! Hoje é o meu dia de descanso!". Isso não funciona. Mas *é possível* ter uma atitude diferente sobre os deveres domésticos. Você pode dizer: "Hoje é o meu dia de descanso. Não vou me preocupar com o botão que está faltando na camisa, com a mancha no carpete, com a grama que precisa ser cortada, com o relatório que tenho de entregar na semana que vem, com prazos, obrigações e telefonemas".

Se desligue do mundo e se ligue em Deus. O Senhor deseja que você passe um dia com ele, se dedique a ele, se revigore nele. Leia um livro que o glorifique, tire uma soneca, passe tempo com a família. Esse é um dia no qual você descansa de fato de todas as preocupações e aproveita a vida, Deus, seus amigos e seus familiares. O fato de mudar a rotina da semana, e ter um tempo de quietude com Deus, ajuda a revigorar. Você descobrirá que acumulou muito mais força para enfrentar os outros seis dias. É um dos maravilhosos caminhos de Deus, criado para o seu benefício. Se obedecemos a esse mandamento e o recebemos como a dádiva que representa, teremos mais paz e alegria e nos sentiremos mais realizadas.

A ENTRADA NO PERFEITO DESCANSO DE DEUS

A experiência definitiva em termos de descanso em Deus será quando deixarmos este mundo e estivermos com ele no céu. As Escrituras dizem que as pessoas que duvidam de Deus e lhe desobedecem jamais entrarão em seu descanso: "[Deus] disse: Eles são um povo de coração ingrato; não reconheceram os meus caminhos. Por isso jurei na minha ira: Jamais entrarão no meu descanso" (Sl 95:10-11).

Deus, porém, prometeu àqueles que o amam e servem que haveria um descanso para o seu povo aqui na terra. Também sabemos que não existe paz ou descanso verdadeiro fora da presença do Senhor. "Eu mesmo o acompanharei e lhe darei descanso" (Êx 33:14). Não queremos, de maneira alguma, ficar longe da presença do Senhor, por isso a nossa oração deve sempre ser a mesma de Moisés quando diz a Deus: "Se não fores conosco, não nos envies" (Êx 33:15).

Na presença do Senhor, teremos descanso verdadeiro. "Venham a mim, todos os que estão cansados e sobrecarregados, e eu lhes darei descanso. Tomem sobre vocês o meu jugo e aprendam de mim, pois sou manso e humilde de coração, e vocês encontrarão descanso para as suas almas" (Mt 11:28-29). Há um descanso perfeito quando rendemos tudo a Deus e nos ligamos totalmente a ele.

Uma das canções mais conhecidas de Bob Dylan diz: "Você terá de servir alguém/Pode ser ao Diabo ou pode ser a Deus/Mas você terá de servir alguém". Todos nós estamos presos a alguma coisa. Algumas pessoas negam esse fato — elas ficam sentadas com um cigarro na mão e um copo de uísque com gelo, proclamando que são livres. Todos nós nos apegamos a alguma coisa; faz parte de nossa natureza.

Qualquer pessoa que se diz totalmente descomprometida não consegue enxergar as próprias amarras. Somos como o boi com o jugo nas costas: aonde quer que você for, o jugo vai junto. Quando estamos ligados a Jesus, ele carrega a maior parte da carga e cabe a nós apenas caminhar ao lado dele pela trilha. Ao se ligar a Cristo, você encontrará descanso perfeito para sua alma.

Palavras verdadeiras

"A minha alma descansa somente em Deus."

SALMOS 62:1

"Em paz me deito e logo adormeço, pois só tu,
SENHOR, me fazes viver em segurança."

SALMOS 4:8

"Assim, ainda resta um descanso sabático para o povo de Deus."

HEBREUS 4:9

"O meu povo viverá em locais pacíficos, em casas seguras,
em tranquilos lugares de descanso."

ISAÍAS 32:18

"Será inútil levantar cedo e dormir tarde, trabalhando arduamente
por alimento. O SENHOR concede o sono àqueles a quem ele ama."

SALMOS 127:2

"Este é o lugar de descanso. Deixem descansar o exausto."

ISAÍAS 28:12

"Pois nós, os que cremos, é que entramos naquele descanso."

HEBREUS 4:3

8

Juntando tudo

Fechamos o ciclo neste livro. Começamos buscando uma vida de paz como o primeiro passo na estrada rumo à saúde e terminamos com descanso perfeito como o estágio final de uma vida de acordo com os planos de Deus. Muito mais poderia ser dito sobre cada um dos temas abordados nesses capítulos, e espero que o conteúdo deste livro estimule seu desejo por mais informações sobre todos os tópicos. Agora surge a pergunta: "Como coloco todas essas coisas em prática na minha vida?".

POR ONDE COMEÇO?

Você leu a respeito de todos os Sete Passos para a Saúde Total e deve ter muita coisa para lembrar. Pode ser que já tenha ouvido falar de várias coisas mencionadas neste livro, mas se não estiver colocando em prática *todas* elas em sua vida diariamente, então não está aproveitando a saúde, a força e a vitalidade que poderia e deveria estar desfrutando. Há momentos nos quais tudo parece difícil, em especial quando estamos começando uma coisa nova e mudando alguns hábitos arraigados. A mudança de velhos hábitos pode parecer uma tarefa monumental, mas não é. Jesus está sempre pronto para ajudar.

Portanto, você terá de colocar as lágrimas de lado e dar o primeiro passo. Se acredita que o Senhor a está orientando no sentido de promover mudanças em seu jeito de viver, é bom lembrar que ele nunca a orientará a fazer qualquer coisa diferente daquilo para o que preparou sua vida. Ele deseja que você viva uma saúde *completa*. Deus está ao seu lado nessa jornada. Ele conhece as suas lutas e fraquezas. Se você está convicta de que Deus é um Deus bondoso e que os caminhos do Senhor são os melhores, então diga apenas: "Tudo bem, Deus, vamos juntos reorganizar a minha vida. Estou disposta a mudanças. Sei que preciso delas. Mostre-me o que deseja que eu faça".

Lembre-se de todos os sete passos

Não quero ser chata, mas devo dizer mais uma vez que você precisa seguir *todos* os Sete Passos para a Saúde Total. Não pode ignorar nenhum deles e achar que os outros vão funcionar. Se não estiver colocando todos em prática, terá problemas mais adiante. Você pode dizer: "Ah, mas eu sempre fico enjoada quando bebo água"; "Eu como o que quero e nunca passo mal"; "Eu me dou bem com o estresse, ele me motiva a realizar coisas maiores e melhores"; "Não tenho tempo para ginástica, tenho muitas coisas mais importantes para fazer"; "Nunca fiz jejum em minha vida, e não tenho a menor intenção de começar agora"; "Passei esses anos todos tomando tranquilizantes; não acho que façam mal".

Lembre-se, porém, de que enfarte, derrame, câncer e centenas de outras doenças debilitantes não avisam com dois anos de antecedência que estão por chegar, de maneira que você tenha tempo para mudar seu comportamento e trocar seu corpo por um novo. Elas aparecem de repente e, via de regra, de maneira severa. Elas se formam durante muito tempo e, de uma hora para outra, você acorda de manhã com uma dor, um caroço, uma limitação de movimento, uma fraqueza; ou talvez nem acorde. Não espere pelo susto de descobrir que foi longe demais em sua negligência. *Lembre-se: ninguém é invencível nem está acima das leis de Deus.* Por favor, atente para Deus, para si mesma e para as pessoas que a amam; em seguida, mude seu jeito de viver.

Nenhuma de nós conseguirá dar todos os passos com perfeição. Na verdade, nenhum dos sete passos surgiu automaticamente na minha vida. Eu tive de aprendê-los. Tive de aprender que não fico bem se não fizer exercícios regularmente. Tive de aprender como Deus deseja que nos alimentemos. Para mim, não foi fácil desistir de refrigerantes e rosquinhas e trocá-los por batata assada e brócolis no vapor. Tive de me disciplinar para beber água usando um copo de medir para ter certeza de que estava bebendo o suficiente.

Gostando de comida como eu gosto, o jejum certamente não foi uma disciplina fácil de ser assimilada. Mesmo hoje em dia, às vezes me esqueço de respirar ar puro e tomar sol. Ainda luto contra o estresse na minha vida. Preciso estar alerta o tempo todo para os sinais de que a minha agenda está ficando muito carregada, de que estou tentando ser uma supermulher, de que estou contendo os meus sentimentos, de que estou dando ouvidos à voz errada. Não fico doente nem perco a energia com frequência porque tento estabelecer limites, mas quando isso acontece, sei bem qual é a razão. Posso dizer quais foram os passos que não segui. E sei exatamente o que devo fazer para consertar o que está errado.

Quando um passo sai da situação de equilíbrio, ele prejudica todos os outros. Por exemplo, não descansar o suficiente por algumas noites seguidas prejudicará os hábitos alimentares. Você pode passar a comer demais para compensar a fadiga ou ter uma vontade imensa de comer lanches do tipo *fast-food* e não ter forças para resistir a isso. Pode não se sentir disposta a se exercitar de maneira adequada, terá dificuldade para jejuar e ficará tão cansada que se esquecerá de beber água ou sair para respirar ar fresco e tomar sol. Ficará rabugenta, isolando-se de todos à sua volta, e acabará sem paz de espírito. Tudo isso acontece porque um — apenas um — dos passos foi negligenciado. Comece a ficar atenta para saber se um dos passos está fugindo ao controle, de maneira que possa se livrar dos problemas antes que eles aconteçam.

Sempre tenha em mente que existe uma linha tênue separando a graça (Deus faz) e a obediência (eu faço a minha parte). Fazer tudo por conta própria é impossível. E se você clamar pela graça sobre o seu corpo doente e obeso para, em seguida, comer um pão doce com refrigerante, também não vai dar certo. Há necessidade de encontrar equilíbrio.

Você deve sempre começar pedindo tudo ao Senhor. Peça a ele que mostre a você como ter mais paz e entrar em seu descanso perfeito. Peça a ele que lhe dê a disciplina necessária para se exercitar regularmente. Peça a ele que a ajude a perder o interesse em alimentos que não lhe fazem bem e a cultivar o desejo e o gosto pelos que são bons. Peça a ele que a ajude a se lembrar de beber água e encontrar tempo e formas de respirar ar fresco e tomar sol. Peça a ele que faça do jejum uma prática agradável, uma disciplina regular para a sua vida. Ele certamente a ajudará a fazer tudo isso. São os caminhos dele.

Em seguida, você precisa fazer a sua parte. E não se esqueça de que, por mais que você se esforce, de vez em quando pegará um resfriado, uma gripe ou outra doença. Não se torture com pensamentos de fracasso. Com calma, pergunte a si mesma se algum dos sete passos está fora de ordem. Deixou dois deles passar ou os negligenciou de alguma maneira? Não há dúvida de que Satanás pode atacar o seu corpo, mas costumamos facilitar o trabalho dele. Na verdade, na maior parte do tempo ele não faz nada, a não ser nos tentar e esperar que façamos o resto. Por termos uma maneira toda nossa de esquecer as coisas que são boas para nós, pode ser bom, de tempos em tempos, reler este livro e fazer algumas perguntas para si mesma.

ALGUMAS PERGUNTAS IMPORTANTES

1. Você está passando algum tempo diário com o Senhor em oração?

2. Está confessando seus pecados?

3. Está vivendo em atitude de louvor?

4. Está sendo alimentada com a Palavra de Deus diariamente?

5. Está em sintonia com seus sentimentos ou guarda coisas e esconde as suas emoções?

6. Tem tomado cuidado para censurar o que sai de sua boca? Tem proclamado vida por meio de suas palavras?

7. Se você sofre problemas emocionais profundos, tem buscado a ajuda de um conselheiro?

8. Está negando alguma coisa de sua personalidade por não conseguir ser aquilo que Deus criou você para ser?

9. Sua vida se tornou muito complicada? Precisa simplificá-la?

10. Está fazendo escolhas em favor da *vida* todos os dias?

Você come os alimentos como Deus os criou?

1. Você está comendo os alimentos tão puros quanto possível ou sua dieta ainda é dominada por comida processada?

2. Está incluindo 50% de legumes e frutas em cada refeição?

3. Tem comido carne vermelha apenas duas vezes por semana, aves duas ou três vezes por semana e peixe apenas uma vez por semana?

4. Seus tira-gostos são nozes e sementes?

5. Está limitando o uso de ovos, leite e derivados para apenas três ou quatro vezes por semana?

6. Está tirando da dieta os alimentos da lista dos que devem ser evitados?

7. Está incluindo os bons alimentos da outra lista?

8. Está tomando cuidado com a gula?

9. Conseguiu manter a simplicidade nas refeições, de maneira geral, ou estão cada vez mais complexas?

10. Caiu na rotina de uma dieta e come a mesma coisa todos os dias?

11. Toma cuidado para evitar as situações estressantes durante as refeições?

12. É seletiva quando tem de comer fora?

O segredo da saúde total

13. Está seguindo as orientações de seu médico?

14. Está respeitando um intervalo de cinco ou seis horas entre os horários das refeições?

15. Está atenta a eventuais excessos ou desequilíbrios?

16. Tem participado de muitas celebrações por ocasiões especiais?

Você está se exercitando o suficiente?

1. Você assume uma atitude ativa?

2. Tem praticado algum tipo de exercício diário de forma regular?

3. Sua ginástica é forte a ponto de obrigá-la a respirar bem fundo?

4. Você caminha diariamente?

5. Está em busca de alternativas para tornar a atividade física parte de sua vida?

6. Você sempre têm em mente que o que faz conta?

7. Está se recusando a ouvir mentiras a seu respeito?

8. Se você precisa perder peso, está queimando mais calorias que ingerindo?

9. Você procura lembrar sempre que o exercício físico faz parte de seu ministério?

10. Você procura lembrar sempre que não foi criada para a inatividade?

Você está bebendo bastante água?

1. Você está bebendo de seis a sete copos (de 300 ml) de água diariamente?

2. Está evitando café, chá, refrigerante e bebidas industrializadas?

3. Está se lembrando de não beber nada meia hora antes das refeições nem duas horas depois?

4. Bebe água pura?

5. Está tomando banho regularmente, usando uma bucha ou uma escova seca?

Você está jejuando e orando com regularidade?

1. Está se lembrando de orar enquanto jejua?
2. Está lendo Isaías 58 toda vez que jejua?
3. Está bebendo, pelo menos, dois litros de água a cada 24 horas de jejum?
4. Está controlando a ingestão de comida quando encerra o jejum (ou come demais para compensar o que deixou de comer durante a abstinência)?
5. Tem se lembrado de encerrar cada jejum com uma fruta ou um vegetal cru?
6. Tem tomado cuidado para planejar bem os jejuns que faz?

Você está tomando ar fresco e sol suficientes?

1. Está passando tempo em ambientes que possuem abundância de luz e ar fresco?
2. Tem se lembrado de praticar alguma forma de atividade física ao ar livre por, pelo menos, dez a vinte minutos por dia?
3. Está fazendo exercícios de respiração profunda todos os dias?
4. Tem usado roupas "saudáveis" ou "extenuantes"?
5. Fica sempre atenta ao tempo que passa sob o sol para evitar a falta e o excesso?
6. Está ignorando esse passo porque, em comparação com os outros, parece de pouca importância?

Você tem descansado bastante?

1. Você tem dormido oito horas por noite?
2. Você se permite desligar de tudo por meia hora antes de deitar?
3. Consegue manter distância de medicamentos para dormir?
4. Está indo para a cama cedo o suficiente à noite?
5. Acha que já está na hora de tirar férias ou descansar?
6. Tem observado um dia de descanso por semana?

SINAIS PRÉVIOS DE PROBLEMAS

Para trabalhar com Deus com o objetivo de obter e manter uma boa saúde, devemos manter nosso templo limpo, bem nutrido e em boas condições de funcionamento. Nunca negligencie a graça e a bondade de Deus, ignorando os sinais que o corpo envia. Nunca despreze um apelo do corpo exigindo mudanças em seu jeito de viver. Por menor que um sinal pareça, ele indica que alguma coisa está ganhando corpo, e pode se tornar muito grave se você não promover as mudanças. A seguir você verá uma lista de sinais prévios de problemas aos quais deve estar atenta. São os sinais de um corpo cujo nível de toxinas está aumentando de alguma maneira. Eles indicam que um ou mais dos sete passos foi negligenciado. *Não ignore nenhum desses sintomas:*

1. Língua saburrenta.

2. Prisão de ventre.

3. Resfriados frequentes, congestão nasal, espirros, sinusite, garganta inflamada.

4. Respiração ruim.

5. Mau odor.

6. Excesso de peso.

7. Peso abaixo do ideal.

8. Fadiga

9. Dores de cabeça.

10. Protuberâncias na pele.

11. Dores em geral.

12. Nervosismo, ansiedade ou irritabilidade.

13. Falta de apetite.

14. Desejo incontrolável por certos tipos de alimento.

15. Mãos e pés frios.

16. Anemia.

17. Olheiras.

18. Aprofundamento repentino dos traços da face.

19. Pele seca.

20. Pele oleosa.

21. Pele escamando em torno do nariz, dos olhos ou da boca.

22. Palidez.

23. Problemas na pele (espinhas, cravos, brotoejas etc.)

24. Unhas quebradiças.

25. Inflamações, irritações ou feridas.

26. Disfunções menstruais.

27. Insônia.

28. Problemas digestivos.

29. Brotoejas.

30. Sensação de estar suja.

31. Dor nos pés.

32. Náusea.

33. Depressão.

34. Postura ruim.

35. Torções e contrações frequentes.

36. Feridas na boca.

37. Falta de concentração ou problemas de memória.

38. Hemorróidas.

39. Falta de apetite sexual.

40. Estômago macio, rígido ou protuberante.

41. Falta de atenção.

42. Tédio crônico.

43. Pressão alta.

44. Pressão baixa.

45. Visão embaçada.

46. Aparência mais velha.

47. Calafrios constantes.

48. Peito apertado.

49. Diarreia constante.

50. Problemas nas juntas.

51. Olhos opacos.

52. Olhos vermelhos.

53. Olhos ardendo, lacrimejando ou coçando.

54. Músculos fracos ou sem tônus.

55. Semblante desanimado.

56. Cabelos opacos ou sem volume.

57. Cabelos quebradiços ou queda de cabelo.

58. Cabelos secos ou oleosos demais.

59. Sensação de estar prestes a ter um colapso mental.

60. Sensação de que a vida está fora de controle.

Para ter certeza de que está tudo em ordem com você e de que está agindo com sabedoria e obediência, ao primeiro aparecimento de algum desses sinais, siga esses cinco passos:

1. *Apresente ao Senhor.* Diga a ele o que a preocupa. Ore por cura *total*.

2. *Pergunte a Deus se deve procurar um médico.* Se você tem alguma dúvida no coração, procure um médico.

3. *Pergunte a Deus qual médico deve procurar.*

4. *Peça ao Senhor que dê ao médico sabedoria para cuidar de você.*

5. *Peça a Deus que lhe dê sabedoria para cuidar de si mesma.* Se você tem a certeza de que sua condição física *não* requer uma consulta ao médico, pergunte a Deus como fazer para devolver o equilíbrio ao corpo.

Depois de seguir esses cinco passos, faça quaisquer ajustes em seu estilo de vida necessários para a recuperação e preste muita atenção aos Sete Passos para a Saúde Total. Seja qual for o problema, procure saber qual é a raiz antes que aconteça alguma coisa mais grave. Não fique pensando: "Não é nada, posso viver com isso". Pode até ser que você consiga conviver com isso agora, mas e se o problema se agravar? Tomar cuidado com esses sinais prévios é um tipo de medicina preventiva.

ADOTE ESSE MODO DE VIDA

Para tornar esses sete passos um estilo de vida, você precisa se convencer de que precisa deles. Em seguida, deve segui-los rigorosamente e pelo tempo necessário para torná-los um hábito. Adotei esse estilo de vida porque estava cansada de tanto ficar doente. Ficou bem claro para mim que meu estilo de vida era incorreto e que eu precisava mudar. Hoje estou convencida de que esses são os caminhos de Deus e que funcionam. É por isso que os sigo.

Você sabe como é bom nunca ter de se preocupar se vai caber em uma roupa antes de sair de casa? Ou nunca entrar em pânico diante da oportunidade de tomar um banho de piscina por não ter de se preocupar com a sua aparência no maiô? Ou não correr o risco de constatar que a pele está ruim pouco antes de um evento importante? Ou não adoecer no momento em que precisa se sentir muito bem? Ou ter um corpo que nunca frustrará você quando tiver de ser exigido? *É maravilhoso!*

Faça dos caminhos de Deus o seu estilo de vida e veja por si mesma. A única maneira de fazer isso é seguir esses passos o tempo todo até que se tornem novos hábitos. Não espere que um raio apareça para transformar as suas papilas gustativas ou o seu desejo. Raramente funciona assim, e *nunca* funciona de uma maneira quando Deus está tentando ensinar outra maneira nova de agir. "... ninguém jamais odiou o seu próprio corpo, antes o alimenta e dele cuida..." (Ef 5:29). "Quem se afasta do caminho da sensatez repousará na companhia dos mortos" (Pv 21:16). "Veja bem por onde anda, e os seus passos serão seguros. Não se desvie nem para a direita nem para a esquerda; afaste os seus pés da maldade" (Pv 4:26-27). Para criar um hábito, você precisa fazer determinada coisa várias vezes, todos os dias. Precisa encaixar essa atividade em sua agenda diária.

AGENDA DIÁRIA

Pedi a você que seguisse rigorosamente os Sete Passos para a Saúde

Total durante três meses antes de avaliar os resultados. É possível notar mudanças maravilhosas em seu corpo já no primeiro mês, mas os principais avanços acontecerão dentro de um período de três meses. Pode parecer perda de tempo no princípio, mas quando esses passos se tornarem um estilo de vida, eles vão *economizar* o seu tempo. Como comparar um pouquinho de tempo diário com meses de internação?

Muitas pessoas vão enfrentar o mesmo problema que eu: esses novos caminhos podem não apresentar resultado de uma hora para outra. Nesse caso, sugiro escrever os passos em sua agenda até que se tornem hábitos de fato. Isso dará a você orientação a respeito do que precisa ser feito. Não deixe por conta do acaso ou da memória. Ambos são inadequados quando se trata de lidar com algo tão importante quanto a sua saúde. Tendo aprendido a manter o equilíbrio e fazer as coisas da maneira certa, você não precisará fazer de sua vida uma grande tabela. Terá sabedoria.

Compre uma agenda com espaço suficiente para preencher de dez a quinze itens por dia. Em seguida, escreva o que precisa fazer, uma semana de cada vez. (Um dia será determinado para o jejum.) Com o tempo, essas coisas acontecerão naturalmente e você não terá de colocá-las no papel de maneira tão rigorosa. A seguir, você verá um exemplo de agenda diária similar ao que uso em minhas aulas. Faça os ajustes necessários para adaptar às suas necessidades.

Agenda diária (exemplo)

6 horas
Levantar e beber dois copos de água (ou um copo de água
e outro de chá de ervas).

6 às 7 horas
Passar tempo com o Senhor em oração,
leitura da Palavra e adoração.

7 horas
Café da manhã (incluindo 50% de frutas).

8 às 9 horas
Vinte minutos a uma hora de exercícios.

9 às 11:30 horas
Em algum momento, duas horas depois do café da manhã e
meia hora antes do almoço, beber dois copos (de 300 ml) de água.

12 horas
Almoço (incluindo 50% de vegetais).

14 às 17:30 horas
Entre o almoço e o jantar, beber dois copos de água.

15:30 às 16 horas
Sair para respirar ar fresco e pegar sol.

18 horas
Jantar (incluindo 50% de vegetais).

20:30 horas
Dois copos de água antes de deitar.

21:30 horas
Parar o que estiver fazendo e se desligar.

22 horas
Dormir.

A OBEDIÊNCIA É MELHOR QUE O SACRIFÍCIO

Se você é o tipo de pessoa que não quer se sacrificar *nem* obedecer, então tem um problema. Se olhar em volta, você verá pessoas, sozinhas ou em grupo, que estão fazendo concessões à carne com o desprezo aos limites. E pagam o preço no próprio corpo. Algumas delas fazem isso há tanto tempo que se tornaram espiritualmente cegas. Não conseguem ver o flagelo a que estão se submetendo, mesmo estando em meio a essa destruição. Mas qualquer pessoa que conhece a verdade — "Ele enviou a sua palavra e os curou, e os livrou da morte" (Sl 107:20) —, ou melhor, que tem a verdade viva dentro dela — "Eu sou o caminho, a verdade e a vida" (Jo 14:6) —, tem uma vantagem: a de ser capaz de ver qual é o caminho certo a seguir. Uma pessoa assim sabe que uma vida de concessões nunca produz realização pessoal, e sim vazio interior.

Acredito que, se você chegou até este ponto do livro, significa que *já sabe* disso e *quer* fazer a coisa certa. O problema é que nem sempre vemos em que ponto estamos sendo desobedientes. Precisamos sempre questionar nossas ações. Você está pedindo que Deus a cure de sua artrite, mas se recusa a desistir do café com bolo? Sofre com dores no peito e, ainda assim, não reduz sua carga de trabalho? Está zangada com Deus porque sua coluna voltou a doer, porém se recusa a fazer os exercícios recomendados pelo médico?

Se você não está seguindo as ordens de seu médico, então não está sendo obediente. Se não *confia* no que ele diz, então precisa reavaliar o que está fazendo. Se você é capaz de dizer, com toda sinceridade, que considera errados os métodos de tratamento prescritos por seu médico, então está na hora de procurar outro especialista.

Assim como você não teria chegado a este ponto do livro se não levasse a sério sua saúde e a obediência a Deus, tenho certeza de que não terminará a leitura sem que o Espírito Santo a convença de que precisa fazer alguma coisa a respeito. Não faça ouvidos de mercador. Estamos falando sobre uma vida inteira de liberdade pessoal — a liberdade de ser a pessoa que Deus planejou que você fosse em Cristo, e não a liberdade de fazer o que bem entender.

Trata-se da liberdade de não precisar seguir os ditames de uma mente carnal. Pergunte a si mesma: "Estou disposta a sacrificar alguma coisa para andar em total obediência a tudo quanto o Senhor está me falando?". A sua obediência é importante para Deus. Ele quer trabalhar por seu intermédio e em você. Para isso, ele precisa de sua cooperação. Ouça a voz do Pai. *Não sacrifique seu corpo à desobediência.*

Jamais inveje as pessoas que não conhecem Jesus, mas parecem ter todas as coisas. Elas podem ter boa saúde, uma grande fortuna e parecer livres de fardos. Dizem: "Para que preciso de Deus?". Jamais olhe para elas e diga para si: "Estou sendo obediente à toa. Vejo outras pessoas que não se importam nem um pouco com Deus e estão bem melhor que eu". Isso é apenas uma ilusão. Não é a verdade.

Na Bíblia, Davi falou exatamente sobre isso. Ele olhou para as pessoas arrogantes e invejou-lhes a prosperidade: "Eles não passam por sofrimento e têm o corpo saudável e forte. Estão livres dos fardos de todos; não são atingidos por doenças como os outros homens" (Sl 73:4-5). Davi não conseguia ver sentido naquilo "até que entrei no santuário de Deus, e então compreendi o destino dos ímpios" (Sl 73:17). "Como são destruídos de repente, completamente tomados de pavor!" (Sl 73:19). Todo mundo, em algum momento, paga o preço por não viver de acordo com os caminhos de Deus.

ELE RENOVA TODAS AS COISAS — E ISSO SIGNIFICA VOCÊ!

Sempre tenha em mente que, no Senhor, você segue "com glória cada vez maior" (2Co 3:18), e "de força em força" (Sl 84:7). Isso quer dizer que, se você busca o Senhor e vive para ele, *tudo* o que acontece em sua vida representa um passo à frente. Isso vale para sua vida espiritual, assim como para seu corpo físico. De vez em quando, pode parecer que você está regredindo, mas isso não é verdade. Alguns velhos hábitos ruins podem aflorar, mas isso não significa que você está andando para trás, e sim que está recebendo uma nova oportunidade de aprender a caminhar mais perto de Deus e ver como ele destrói esses maus hábitos com seu poder.

Sempre esteja pronta a dizer: "Ensina-me o teu caminho, Senhor, para que eu ande na tua verdade..." (Sl 86:11). Se você tem o Cristo vivo no coração, tem tudo quanto precisa para conseguir. Quando digo "conseguir", não estou me referindo a ganhar 1 milhão de reais e ter a sua foto estampando a capa de uma revista de circulação nacional. Quero dizer ter uma vida cheia de propósito, paz, contentamento, alegria e amor. Obviamente, você é uma sobrevivente; caso contrário, não teria chegado até o fim deste livro. *Seja gentil* com você mesma. Não é porque adquiriu alguns maus hábitos quando era mais jovem que vai permitir que eles arruínem a sua vida agora.

Jesus pode libertá-la e sei por experiência pessoal que ele é o *único* capaz de fazê-lo. Permita que ele faça. Aprenda sobre os caminhos do Senhor e siga-os. Vale a pena o esforço, e você também tem valor.

Vou dizer mais uma vez: *aprenda a amar o seu corpo*. Ele é seu amigo, seu companheiro, algo que deve ser cuidado, respeitado, apreciado e elogiado. Não é seu inimigo.

Deus redime, restaura e torna novas todas as coisas — e isso inclui o seu corpo. Por isso, não se contente com a dor, a fadiga ou a depressão. Sua doença ou sua dor não é plano de Deus. Os planos que ele tem para você são para o bem, e não para o mal. "'Porque sou eu que conheço os planos que tenho para vocês', diz o Senhor, 'planos de fazê-los prosperar e não de lhes causar dano, planos de dar-lhes esperança e um futuro'" (Jr 29:11). Deus está ao seu lado. Ele quer renovar todo o seu ser: sua mente, seu espírito, sua saúde, sua vida sexual, seu trabalho, seus hábitos, suas atitudes, seu estilo de vida. Ele faz *todas* as coisas novas, e isso inclui você!

UMA ESCOLHA PELA VIDA

O equilíbrio é uma vida controlada, mas não com *você* no controle. Quem controla é *Deus*. Essa é a única maneira de obter equilíbrio: permitindo que Deus assuma o controle de sua vida. "Mostra-me o caminho que devo seguir, pois a ti elevo a minha alma" (Sl 143:8). Entregue cada parte de sua vida a Deus. Comece a encarar a manutenção de uma boa saúde como parte de seu ministério e seu serviço ao Senhor.

Deus é o Doador da Vida e o Médico dos médicos, mas sempre oferecerá a você a oportunidade da *escolha*. Precisamos escolher o que queremos. Você escolherá a vida ou a morte? "... coloquei diante de vocês a vida e a morte, a bênção e a maldição. Agora escolham a vida..." (Dt 30:19).

Lembre-se: *tudo o que você faz importa*. Não importa se é uma coisa grande ou pequena, se contará para o bem ou para o mal — *tudo será levado em conta*. Apenas se assegure de que, quando tiver de prestar contas, o seu placar esteja no alto da coluna das coisas "boas" e no fim da coluna das coisas "más". E não fique procurando atalhos para a boa saúde. Eles não existem.

Os grandes líderes cristãos, pastores e mestres de nosso tempo concordam que Deus derramará seu Espírito Santo sobre nossa terra de uma maneira jamais vista. Há coisas poderosas esperando por nós adiante. Essa é uma época muito empolgante para se viver. Deus se manifestará de uma nova maneira e ele o fará por *seu* intermédio. "Vocês não sabem que são santuário de Deus e que o Espírito de Deus habita em vocês?" (1Co 3:16).

Certifique-se de que o seu templo esteja saudável, limpo e preparado. Pense no remorso que vai sentir se Deus bater à sua porta e disser: "Agora é a hora de você fazer aquilo para que a criei. Levante-se e vá". E lá está você, doente demais até para se virar na cama, mais ainda para se levantar e ir.

Somos parceiras de Deus. Sabe o que é estar em parceria com alguém que está sempre doente e nunca aparece para trabalhar? O trabalho fica parado. Você tem de encontrar outra pessoa para fazer o serviço e treiná-la da estaca zero.

No fim das contas, porém, não haverá nada mais importante do que o seu relacionamento com Deus por intermédio de Jesus, e não apenas a boa saúde. A boa saúde pode falhar, e aí não seremos capazes de fazer tudo direito. Mas Deus nunca falha. Ele é nosso para sempre. "O meu corpo e o meu coração poderão fraquejar, mas Deus é a força do meu coração e a minha herança para sempre" (Sl 73:26). Mesmo em relação à morte, temos escolhas a fazer: pela vida eterna ou pelo eterno sofrimento. Mais uma vez, eu digo: escolha a vida!

Palavras verdadeiras

"Quem ouve a repreensão construtiva terá lugar
permanente entre os sábios."
PROVÉRBIOS 15:31

"Todo o que ama a disciplina ama o conhecimento."
PROVÉRBIOS 12:1

"Não morrerei; mas vivo ficarei para anunciar os feitos do SENHOR."
SALMOS 118:17

"Amado, oro para que você tenha boa saúde e tudo lhe corra bem,
assim como vai bem a sua alma."
3JOÃO 2

"Como é feliz quem teme o SENHOR, quem anda em seus caminhos!
Você comerá do fruto do seu trabalho, e será feliz e próspero."
SALMOS 128:1-2

"O SENHOR dá vista aos cegos."
SALMOS 146:8

"Jesus Cristo é o mesmo, ontem, hoje e para sempre."
HEBREUS 13:8

SUGESTÃO DE LEITURA

10 x 15 cm – 384 páginas

O PODER DA ORAÇÃO PARA UMA VIDA FELIZ

Deus quer ouvir o que você tem a dizer. Não deixe de falar com ele.

Ao perceber sua importância para Deus e começar a meditar e orar em sua Palavra, a sensação de liberdade e gratidão suplantarão os sentimentos negativos. Através de pequenas orações para o dia a dia, Stormie a ajudará a compartilhar com Deus o que se passa em seu coração.

leia um trecho: www.mundocristao.com.br

SUGESTÃO DE LEITURA

14 x 21 cm – 240 páginas

Conheça a história de Stormie – uma mulher que foi oprimida, humilhada e agredida, mas alcançou a vitória.

STORMIE – UMA HISTÓRIA DE PERDÃO E CURA

Neste livro-testemunho, a autora de vários títulos de sucesso abre o coração e revela detalhes sobre as lutas que enfrentou e o processo de restauração proporcionado por Deus.

leia um trecho: www.mundocristao.com.br

Compartilhe suas impressões de leitura escrevendo para:
opiniao-do-leitor@mundocristao.com.br
Acesse nosso *site*: www.mundocristao.com.br

Revisão: Marcos Granconato
Imagem: Brandxpictures
Diagramação: Sandra Oliveira
Fonte: Adobe Caslon
Gráfica: Forma Certa
Papel: Off White 80 g/m² (miolo)
Cartão 250 g/m² (capa)